氣質比語言更有說服力

郎靜濤　著

前言

東漢末年，匈奴派遣使節朝覲中原。重權在握的曹操覺得自己身材短小，不足以鎮敵，遂請當時的一位美男子代替他來接見，而自己則在一旁持刀侍立。朝覲完畢，匈奴使者回到自己的國都後，對君主說：「魏王雅望非常，然床頭提刀人，此乃英雄也。」由此可見，一個人的氣質對其容貌的影響。

美國林肯總統被稱爲全美國最醜的人，但卻是當時最有男性魅力的人。他曾說：「一個人40歲以前的容貌依賴父母遺傳，40歲以後該由自己負責。」可見氣質的形成需要後天的培養和訓練。歲月流逝，容顏易衰，只有氣質長存。擁有獨特氣質的人，必定具有獨特的個性魅力。

在現實生活中，有相當數量的人只注意穿著打扮，並不怎麼注意自己的氣質是否給人以美感。誠然，美麗的容貌，時髦的服飾，精心的打扮，都能給以美感，但是這種外表的美總是膚淺而短暫的，如同天上的流雲，轉瞬即逝。如果你是有心人，則會發現，氣質給人的美感是不受年紀、服飾和打扮的局限的。一個人的眞正魅力主要在於特有的氣質，這種氣質對同性和異性都有吸引力。這是一種內在的人格魅力。

一個人長得俊美、俏麗是討喜的，可是詳端之後，卻會讓人產生一種「欠缺」的感覺，這到底是爲什麼呢？原來這種面貌姣好的男女，只呈現出那張看起來好像不錯的臉蛋，卻缺少了一份魅力，而這份魅力恰好是人際關係中所不可或缺的，那種魅力就叫做——「氣質」！

氣質美看似無形，實爲有形。它是通過一個人對待生活的態度、個性特徵、言行舉止等表現出來的。走路的步態，待人接物的風度，皆屬氣質。朋友初交，互相打量，立即產生好的印象。這種好感除了來自言談之外，就是來自作風舉止。氣質美還表現在性格上，這就涉及平素的修養。要忌怒忌狂，能忍辱謙讓，關懷體貼別人。忍讓並非沉默，更不是逆來順受，毫無主見。相反，開朗的性格往往透露出大氣凜然的風度，更易表現出內心的情感。而富有感情的人，在氣質上當然更添風采。

許多人並不是靚女俊男，但在他們的身上卻洋溢著奪人的氣質美：認眞，執著，聰慧，敏銳。這是眞正的氣質美，是和諧統一的內在美。你也許並沒有天生的美麗容顏，但是，只要你用心去努力培養自己的氣質，相信你一樣會擁有精彩亮麗的人生。

CONTENTS

第三章 氣質全面影響人生

第一章

什麼是「氣質」？

氣質到底是何物？

有一次，在一個娛樂綜藝節目中聽到關於某位明星的評價：「她是位氣質美女」。氣質在這裡成了形容詞，用來修飾「美女」。大概節目想表達的意思是這位美女不只是漂亮，還很有內涵。類似這樣的表述非常普遍，然而這種表述對不對呢？

大多數人對氣質的理解和看法，是正面積極而又模糊籠統的。在氣質裡似乎蘊涵著濃厚的詩意，和讓人感動的情趣，氣質彷彿讓人透過寧靜的面容，看到了波濤起伏的思想，氣質往往成為出類拔萃的代名詞。

氣質到底是怎樣一種概念？你有氣質嗎？你有怎樣的氣質類型和特徵？什麼因素在影響你的氣質？氣質對你的人生具有怎樣的重大意義？氣質在怎樣影響你的性格、你的健康、你對環境的適應、你的活動效率、你的婚姻、你的社交、你的事業，最終影響你的未來？所有的困惑和疑問，從本章開始，你都將撥雲見日。

1. 氣質的魅力

商朝末年，周文王心事重重地出門打獵，走到渭水邊，發現一老者端坐垂釣，老人鬚髮全白卻腰桿挺直，布衣著身，卻掩飾不住仙風道骨的綽約氣質。周文王被吸引了，近前再看那釣竿，萬分驚異釣竿竟是直的！且聽老者自言：「願意上鉤的魚，就自己上來吧！」周文王驚爲天人，上前與其傾談，很快就任命爲國師。

這位老者可不是什麼退休的糟老頭兒在自得其樂，姜太公釣魚，神閒氣定，願者上鉤。如果不是渭水邊超然於衆人之上的氣質和驚人之舉，一個無名的八旬老頭兒，怎能從賢者如雲中脫穎而出，又怎會有後來名揚四海的「牧野一戰」？中國歷史上怕是就要少了一位未卜先知的智者了。

可見無論何時何地，一個氣質出衆的人總是更多的被人注意，爲人欣賞，甚至機會也會更加垂青於他。

二〇〇五年，影后張曼玉40歲。據調查說，她是從25歲到60歲的男人心目中，一致認可的最美麗、最優雅的女人。她就像一件精美的藝術品，從任何角度看都近乎完美。在「我的鉑金」電視廣告中，張曼玉淡妝出場，從容自信，散發出非凡的高貴氣息，成爲自然優雅的代名詞。在衆多明星中她雖然稱不上傾國傾城，但神情中傳達的卻是多少傾國傾城的美人所缺少的東西。

人們說那是因爲她有著超凡脫俗的氣質，一種任時光去雕刻的獨特魅力。

人們把氣質看作一個褒義詞，對它的了解通常是一個混沌的概念。所以常常這麼評價：某人有氣質，某人沒氣質。一個沒氣質的人意味著缺少內涵，一個有氣質的人即便混跡於芸芸眾生之中，也是鶴立雞群，綽約的風姿自會超然於眾人之上。

大家一致公認小琳是辦公室裡最漂亮的女人，皮膚白皙光滑，標準的鵝蛋臉型和雙眼皮的大眼睛比例協調，然而，小琳精緻的臉總讓人感覺好像缺少了什麼，那是什麼呢？卻又說不清楚。有人說她的眼睛大而無神，有人說她的表情太平淡，有人說她的漂亮，讓人「一覽無遺」反而沒味道了，總之看一陣就審美疲勞了。相比之下，小優雖然不算美女，眼睛小了點，嘴大了點，卻透著一股靈慧聰敏，尤其抬頭看你的時候雙眸炯炯有神，眉宇之間有種脫穎而出的東西，會讓人剎那間走神。

於是大家評價說小琳很漂亮卻沒氣質，小優雖不漂亮卻很有氣質。

2. 氣質屬於每個人

我們會用優雅、華貴、恬靜，這些熠熠生輝的辭彙，來形容和讚美一位博學多識、談吐高雅、舉止文明的人。可倘若遇到的是一個窮鄉僻壤的漢子，境遇大抵就會不同。

儘管他粗獷、直爽、豪邁，洋溢著鄉土的氣息，散發著泥土的芳香，但在前者面前，他就成爲粗俗沒氣質的了。

殊不知優雅、華貴、恬靜是氣質，粗獷、直爽、豪情又何嘗不是氣質？

氣質並不是只爲少數人所擁有。氣質屬於每一個人。

3. 氣質的概念誕生於古希臘時代

氣質到底是什麼呢？

讓我們追溯至古希臘時代，氣質的概念誕生於那個古老的時代。

早在古希臘醫學家恩培多克勒（西元前四九五～西元前四三五年）的「四根說」中，就已經具有了氣質和神經類型學說的萌芽。恩培多克勒認爲，人的身體是由四根構成，固體部分是土根，液體部分是水根，維持生命的呼吸是空氣根，血液是火根。

恩培多克勒認爲，人的心理特性依賴於身體的特殊構造，不同的心理表現是由於身上「四根」結構比例配合不同之故。比如他認爲演說家是舌頭的四根配合最好的，藝術家是手的四根配合最好。恩培多克勒的「四根說」，爲後來的氣質和神經類型學說奠定了某種基礎。

古希臘時代的另一位著名醫學家希波克拉底（西元前四六〇～西元前三七七年）吸

收了前人的醫學成就，將恩培多克勒的人體含「四根」之說，發展成了更加系統化的人體含「四液」學說。他認爲人體內有四種液體，即：黏液、黃膽汁、黑膽汁和血液。黏液生於腦；黃膽汁生於肝；黑膽汁生於胃；血液生於心臟。他說：正是這四種體液「形成了人體的性質」。

他根據這四種體液比例的不同，而把氣質分爲多血質（以血液佔優勢）、膽汁質（以黃膽汁佔優勢）、黏液質（以黏液佔優勢）、抑鬱質（以黑膽汁佔優勢）。這就是「氣質」概念的來源。目前最常用的氣質分類方法，就是源自於希波克拉底的「四體液」氣質說。

這樣看來，小琳並非沒有氣質，大概只是因爲氣質偏於內向安靜、不善於表達自己的情緒和態度，以致被大家認爲沒氣質。從這點上也可以看出，一個人的氣質是會影響周圍人對他的看法和評價的。

小優也不是有氣質，而是有著靈敏聰慧的氣質。當我們形容一個人的氣質時，不該說這個人有沒有氣質，正確的說法是這個人具有什麼樣的氣質，如這個人具有領袖氣質、明星氣質、淑女氣質、紳士氣質、貴族氣質、藝術氣質，或書香氣質，等等。

4. 中國四大名著是經典的氣質之書

中國的四大名著就是四部經典的氣質之書。書中紛繁蕪雜的人物成百上千，可不論是主角還是配角，都有他們各自鮮明獨特的氣質。

在《西遊記》中，唐僧、孫悟空、豬八戒、沙和尚師徒四人歷盡千辛萬苦，終於往西天取回眞經。在西行的道路上，他們表現出了各自生動無二的氣質，人們甚至從他們鮮明的氣質特徵中，探索出關於團隊合作的道理。

唐僧，法名玄奘，賜名三藏，18歲出家，悟性極高，20來歲便極有佛經造詣，備受唐朝太宗皇帝厚愛，被選中去西天取經。他舉止文雅、性情和善。

在西行取經過程中他遇到九九八十一難，卻始終癡心不改，在三位徒弟的輔佐下，歷盡千辛萬苦，終於取回眞經。有人說他是個追求完美的人，善良，不過有點婆婆媽媽，具有黏液質的氣質。然而唐僧所具有的始終如一、堅定不移、自我克制的氣質，不正是領袖氣質的典型特徵嗎？

孫悟空，法號行者，是唐僧的大徒弟，三位徒弟中數他最有本事，法力無邊。他是非分明、嫉惡如仇，具有不怕困難，堅忍不拔，英勇無畏的氣質，但他同時又任性、不受委屈，容易衝動，從他的身上可以看到典型的膽汁質氣質特徵，所以，觀音菩薩只好給他戴上緊箍咒。取經路上他降妖除魔，護佑唐僧，取回眞經終成正果，被封爲鬥戰勝佛。他是團隊中不可或缺的大將，可是要用好他卻不是那麼容易的。

豬八戒，法號悟能，是唐僧的二徒弟，原來是玉皇大帝的天蓬元帥，因調戲嫦娥被逐出天界，結果錯投豬胎。八戒性情溫和，憨厚，力氣大，但又好吃懶做，愛占小便宜，他還具有浪漫多情的氣質，經常被妖怪的美色所迷，難分敵我。他對師父忠心耿耿，爲唐僧西天取經立下汗馬功勞。

據說，女讀者們很喜歡豬八戒，因爲他有趣味，能製造氣氛，還常常調節緊張情緒，協調人際關係，如果不是他體察唐僧的心理，到花果山請回大師兄，又怎能取回眞經？因此，豬八戒在團隊中的作用是不可忽視的，他表現出多血質的氣質特徵。

沙河尙，法名悟淨，原是天宮玉帝的捲簾大將，因觸犯天條被貶，在流沙河興風作浪。經觀世音菩薩點化，與孫悟空、豬八戒一起保護唐僧西天取經。沙河尙本事不大，但任勞任怨，具有忠誠、可靠的氣質，是老黃牛式的人物。試想如果沒有他，行李擔大概只有唐僧自己挑了。

再看《水滸傳》，一百零八將，個個氣質不同，卻都不失爲英雄好漢。「及時雨」宋江老謀深算，招賢納能，但優柔寡斷。豹子頭林沖武藝高超，他沉著冷靜、穩重踏實、謹愼內向，內心少外露，情緒發生慢且持久，堅韌、執拗，是人們常說的慢性子的人。魯智深，三拳打死鎮關西，仗義執言、肝膽相照、率直、易怒，是個熱情外向的漢子。赫赫有名的武松勇猛、果敢、粗中有細、膽識過人，他赤手打死老虎的事蹟人人皆知，他為給哥哥報仇，殺了害死哥哥的嫂嫂和與其通姦的西門慶。黑旋風李逵就是一個急先鋒、暴脾氣。他魯莽、衝動、浮躁卻忠誠。孫二娘，出身江湖世家，眉橫殺氣，眼露凶光，但她不光兇狠還很有膽識和智慧。

人物最多的《三國演義》處處滲透為人處世、經營謀略的哲學，其中曹操和劉備最為典型，可稱三國雙絕。在他們的身上集中體現了作為領導者的厚黑氣質。曹操是最負盛名的一代梟雄，他有一句名言：「寧我負人，毋人負我。」他殺呂伯奢，殺孔融，殺楊修，又殺皇后皇子，心之黑達到極點。劉備的特長，全在「厚」字，他依附曹操，依附呂布，依附劉表，依附孫權，依附袁紹，東奔西走，寄人籬下，而且生平善哭，凡遇到不能解決的事情，對人痛哭一場，立即轉敗為勝，所以有俗語說：「劉備的江山是哭出來的。」

《紅樓夢》的奇女子，要數冰雪聰明、才華橫溢的林妹妹最是無人可比，她「機敏、憂鬱、多疑」是才女的代名詞，她情緒體驗深刻而不外露，多愁善感，孤僻沉靜，想像力豐富，善於覺察別人不易發現的細節，她所洋溢的氣質正是抑鬱質的代表。而穩重大方、八面玲瓏的寶釵姑娘「典雅、穩重、圓潤」，賈府上下沒有不喜歡她的，據說她的大家閨秀淑女氣質，很得現代男士的欣賞，大概也是婆婆們喜歡的類型吧，她的氣質透露出黏液質的特點。察言觀色、處變不驚的王熙鳳「尊貴、幹練、潑辣」是不折不扣的權威型女強人，膽汁質令她迅速果斷。不拘小節，快人快語的史湘雲「灑脫、熱情、急躁」，則把多血質的特點表露無遺。

5. 心理學教科書中的氣質定義

在心理學的教科書中給氣質下了這樣的定義：氣質是在人的行爲中所表現出的典型而穩定的心理活動動力特徵的綜合。表現在心理活動的強度、速度、靈活性與指向性等方面的一種穩定的心理特徵。

通俗的說，氣質的表現就反映在一個人的情緒爆發是強還是弱？意志是強還是弱？行爲反應是強還是弱？一個人對刺激反應快還是慢？動作快還是慢？說話快還是慢？思維靈活嗎？一個人注意力集中時間長還是短？情緒和興趣起伏大還是小？印象保留時間長還是短？是內向還是外向？

這些特徵在每個人身上獨特的結合，並且穩定地表現在人的心理和行爲中，就構成了每個人的氣質。因此我們可以通俗地理解氣質相當於一個人的「脾氣」、「稟性」或「性情」，是構成人格的基本條件，如俗話所說的某人「脾氣不好」，那便是氣質問題了。其實這一切上面經典人物的氣質都已經告訴我們了。

氣質類似於本能

如同不了解氣質來源於何處一樣，許多人也不了解氣質來源於何時？氣質是否與生俱來，還是後天培養形成的？

古希臘醫學家希波克拉底的「四體液」說，揭示了氣質是隨著體液與生俱來的，後來的學者對剛出生的孩子進行了研究，印證了這一學說。

當孩子剛一出生時，有的父母會發現他們的寶寶「很乖很聽話，能很快地適應環境，容易護理。」有的父母覺得他們的寶寶有點「害羞」和冷淡，因爲他們很少表現強烈的情緒，無論是積極的還是消極的。而有的父母則忙作一團，手足無措。因爲他們的寶寶愛鬧脾氣，情緒化，照看起來比較「困難」。那麼這些寶寶一出生表現出來的差異原因何在呢？

原來寶寶們一出生表現出來的差異，就是氣質的差異。

專家們通過對剛出生的嬰兒開始研究，一直追蹤到他們20多歲後，總結出兒童的氣質特徵具有九大方面，主要表現爲：

一、**活動量大還是小**：活動量大的孩子經常被誤認爲是「過動症」，他們每天睡覺的時間比較短，而清醒的時間卻比較長。並且，即使睡著了也不肯安靜，總是動來動去，有的小孩甚至還會掉到床底下去。另外，給他洗澡、換尿布、理髮、穿衣服、擦屁股，等等，都使父母非常頭疼，因爲他幾乎沒有一分鐘安靜的時候。相反，活動量小的孩子卻很乖、很安靜，他們不喜歡戶外活動，總是願意自己靜靜地待著。要知道，人與人之間在活動量大小方面上的差別，甚至可以相差400倍！

二、**活動是否有規律**：孩子在日常生活中每天的饑餓、睡眠和排便等生理活動是否有規律，比如說：每天的睡覺、醒來、肚子餓、大便等的時間是否相對固定？數量是否相差不多（即時間長短、吃的量大小等）？有些孩子從一生下來就很有規律，但另一些孩子則沒有任何規律可言。

三、**接受新刺激的最初反應如何**：比如第一次見到陌生人是不怕生（趨向）還是哭鬧不止（躲避），第一次吃新食物時是趨近的還是拒絕。這種特點對孩子以後學習和生活有很大的影響。

四、**適應性快還是慢**：孩子對首次遇到的新環境或新刺激的適應過程是快、中等還是慢。這種特點是指適應新事物的過程如何。剛開始在進入幼稚園或小學時，適應性不佳的孩子會感覺很痛苦，但仍必須學會克制，過了這個階段也許就好了。

五、產生反應的最小刺激量：由於每個孩子的感官所需的刺激量可能很不一樣，反應刺激量較低的孩子比較敏感，他們睡覺時周圍一定要很安靜、沒有燈光；尿布稍微濕了就會哭鬧不止，要求更換。

六、反應強度的高低：反應強度較大、哭聲響亮孩子的負面反應也較劇烈，對親子關係也有很大的影響。家裡有個「夜哭郎」對於很多父母來說會煩惱有加，但是，也有相反的情況，俗話說：「會哭的孩子有奶吃」，孩子的哭聲也吸引了家長的注意力，使他們對這種孩子也更爲關注。

七、心境如何：孩子在睡醒後幾個小時內表現出的主要情緒。心境較好的孩子，臉上經常漾著微笑，比較招人喜歡。相反，心境不好的孩子則會每天哭鬧不止、心情不佳。

八、注意力分散度：孩子的注意力是否容易從正在進行的活動中轉移。注意力問題可以說是一個父母反映最多的問題了。有的小孩剛出生不久就表現出注意力不集中的特點，這種特點是天生的，是他的氣質特點之一。

九、堅持性高還是低：孩子在從事某種單一活動時穩定注意時間的長短。有的小孩堅持性很高，很固執，到商店裡他看上了某件玩具就一定要得到，否則不肯善罷干休。但是堅持性低的小孩，做事時則只有三分鐘的熱乎勁兒，興趣愛好很容易就會轉移。

寶寶一出生所帶來的這九大氣質特徵，奠定了長大後的氣質基礎。美國心理學家湯瑪斯曾論述道：「在許多兒童中這些氣質的原始特徵，往往在隨後的二十多年發展階段中保持。」

要想更確切的了解自己的氣質基礎，建議你不妨回家問問自己的父母，你小的時候是「好伺候」，還是「不好伺候」？相信答案一定會對你有所啓發。

由此可以理解，氣質類似本能，例如有人好發怒鬥爭，有人則否；又如男女情慾或強或不強，人各不同，這種不同就是氣質的不同。而論其事，都屬於本能的衝動。

因此，氣質可以說是與生俱來並且相對穩定的，這也就是所謂的「江山易改，本性難移。」這句話揭示了氣質穩定性的一面，但這句話又過於誇張了，因爲氣質也具有可塑性的一面，隨著個人的成長，家庭、教育、職業訓練、生活經驗等各種因素，都會影響氣質的形成，那時的氣質特徵就比較複雜了。

有關氣質形成的各種學說

氣質人各不相同，事實昭然可見，但追究其爲何不同，氣質究竟是如何形成的？則眾說紛紜，因此從古至今人們對氣質充滿好奇，孜孜不倦的探索氣質形成的奧祕。從希波克拉底的體液說發展到今天，在有關氣質形成的各種學說中，有四種學說影響最大。

1. 氣質的體型說

人的體型有胖瘦、高矮、強壯與虛弱之分，但是這和氣質又有什麼關係呢？提出氣質體型學說的是德國精神病學家克瑞奇米爾。他認爲人的體格與氣質有一定關係。他根據臨床觀察提出了三種類型：

一、**矮胖型**：身體短胖，脂肪豐富。這種人活潑、樂觀，善於交際，感情豐富，易患躁狂抑鬱症。

二、**瘦長型**：身軀高而瘦，皮膚乾，肌肉不發達。這類人孤僻、沉靜，不善於交際，神經過敏，易患精神分裂症。

三、**強壯型**：肌肉發達，體格健壯。好動、好鬥、好勝、固執，情緒具爆發性、具有癲痫症（羊癲瘋）特徵。

美國醫生謝爾敦和心理學家史蒂文斯深受克瑞奇米爾的影響，他們在一九四二年合著的《氣質的差異》中，以健康的正常人爲研究對象，將人的氣質類型劃分爲：

一、**內臟緊張型**：好交際、情感豐富、隨和、動作遲緩、肥胖。

二、**身體緊張型**：精力充沛、好動、富於競爭、坦率、健壯、衝動、冒險。

三、**頭腦緊張型**：不善於交際、敏感、多慮、體態呆板、睡眠差、易疲勞、喜獨居。

氣質的體型說或許會引起你的共鳴，因爲你在自己的同事、朋友、親人身上，或多或少的會看到如上表現。然而這種說法是否科學呢？現代心理學認爲，儘管體型與氣質類型之間有較高的正相關，但這並不能說明兩者之間存在著因果關係。

事實上，一個人的體型是會變化的，而一個人的氣質相對而言則是穩定的。當代科學還不能有說服力地揭示體格對氣質的影響作用，所以體型說是欠缺科學根據的。

2. 氣質的血型說

如今，你已經可以清楚地知道自己的血型，然而僅在一百多年前，人類對自己的

「生命之泉」還一無所知，認識是從一例輸血手術開始的。

一八一八年，爲了挽救了一名因分娩時大出血而生命垂危的產婦，英國婦產科醫生布倫德爾，成功地做了人與人之間第一例輸血手術。可是，在之後大量輸血的臨床實踐中，事故卻接連不斷：有的病人接受輸血後，可以完全沒有反應；而有的病人在接受輸血後，卻發生致命的反應，他們出現發冷發熱、頭痛胸悶、呼吸緊迫，和心臟衰竭等症狀，甚至因此而死亡。

因此，在很長一段時間內，輸血雖被認爲是一種挽救生命的良策，可大家卻不敢貿然使用。直到一九〇〇年，奧地利醫生，病理學家卡爾·蘭茨坦納，首先揭開了輸血反應的謎底。

蘭茨坦納通過對自己及實驗室裡的5位同事彼此血液混合的實驗，奇妙的發現了人類有三種血型（A型、B型和O型）！而致命的輸血反應祕密，就在於這三種不同血型的紅細胞和血清相混合而產生的凝集。他依此製成用來測定人類血型的標準血清。只要在輸血前預先測定血型，選擇與病人相同血型的輸血者，就可以保證安全。

一九〇二年，狄卡斯德羅醫生對155個正常人重複了蘭茨坦納的試驗，發現還存在第四種血型（AB型）。因爲這一類血型的人較少（約占人群的十分之一左右），而蘭茨坦納只做了6個人的試驗，所以沒有發現它的存在。

到了一九〇七年，捷克醫生揚斯基爲四種血型命名，從此血型有了自己的名字：A型、B型、O型和AB型。其中，O型血被稱爲「萬能輸血者」，因爲O型血無論輸給哪一種血型的人，都不會發生凝集反應；相反，AB血型的人，除了同型血的人以外，不能輸給任何別的血型的人，但他可以接受任何血型的輸血而不致產生凝集反應，所以被稱爲「萬能受血者」，甚至因此被笑稱爲「自私」的血型。

近幾十年來，醫學工作者在四種血型基礎上，發現了15個血型系統，90多種血型。同時發現不同血型的人，具有相應的個性和氣質類型。

關於氣質是由不同的血型決定的學說開始流行，這一學說在日本尤爲盛行。日本血型社會學家能見正比古在他的《血型與性格》一書中指出——「血型的眞正含義指的是人體的體質和氣質類型」。

日本心理學家古川竹二又提出——

A型血的人——消極保守、焦慮、多疑、冷靜、缺乏果斷性、富感情；

B型血的人——積極進取、好活動、善於交際、靈活、寡信、多言、愛管閒事；

O型血的人——膽大、好勝、意志堅強、自信、愛支配人、不吃虧；

AB型血的人——外表爲B型，內在爲A型。

血型說得到了人們廣泛的認同，人們常常用它來推測自己及朋友的氣質和性格。隨著網路的普及，血型和星座一同成爲年輕人所喜愛和關注的話題，在網際網路上，有關血型說的點擊率，總是居高不下。

3. 氣質的激素說

英國心理學家柏曼等人看到內分泌腺的活動，與人的情緒及行爲有一定的關係，於是提出了氣質的激素理論。

他把人分爲甲狀腺型、腦垂體型、甲狀旁腺，及性腺型等類別。

甲狀腺型者，由於甲狀腺素分泌過多，表現出感知靈敏、精神飽滿、意志力強的特徵。甲狀腺分泌不足者表現爲冷淡、遲緩、癡呆、被動。腎上腺發達者，表現爲情緒易激動、精力旺盛、好動、好鬥、有神經質的特徵。胰腺發達者常常行動遲緩、喜怒無常。胸腺發達者表現爲活潑、好動、反應快、心情變化快。

內分泌腺活動對氣質有較大影響，這一點是應當充分肯定的。不過現代生理學研究證明，內分泌腺不是獨立地起作用的。激素的合成及分泌最終要受到神經系統的控制和調節。因此，片面地誇大內分泌腺的決定作用，也會走向偏頗。

4. 氣質的高級神經活動說

在人體的器官系統中，神經系統居於最重要的地位。人的一切心理活動都是通過以大腦爲核心的神經系統活動來實現的。

氣質是一種心理活動，因此氣質是在神經系統的調節、控制下進行的。

氣質的高級神經學說用神經類型的特性來解釋氣質現象，這種觀點目前被認爲最接近氣質本質的一種認識。

十九世紀末，人類對自己身體各部分的構造已基本清楚，但對內臟器官和大腦的工作機理卻了解很少。因爲內臟和大腦都隱藏在體內，它們工作的時候誰也看不見。怎樣才能觀察到它們的活動規律呢？解決這個難題的，是俄國傑出的生理學家伊凡・彼得羅維奇・巴甫洛夫。

他通過大量動物實驗創立了高級神經活動類型學說，他認爲人一出生就帶著各自的神經動力結構類型來到人世間，適應著他所生存的環境，並爲他的行爲方式塗上獨特的動力色彩，這就是氣質。

他揭示出興奮過程和抑制過程的三種特性：（一）興奮過程和抑制過程的強度；（二）興奮過程和抑制過程的均衡度；（三）興奮過程和抑制過程的靈活性。從而將人的神經類型劃分爲四類：

一、強而不平衡的興奮型（不可抑制型）：反應快、準確性差、對新事物敏感、好動、不易控制自己、有較強的工作能力。

二、強、平衡而靈活的活潑型：反應快、準確、活潑好動、思維敏捷、接受能力強、富於創造性，具有強而穩定的工作能力。

三、強、平衡而不靈活的安靜型（惰性型）：反應較慢、準確、沉著謹愼、踏實肯鑽研、但靈活性差。

四、弱型（抑制型）：反應慢、注意力分散、粗心、工作能力較低。

巴甫洛夫把高級神經活動類型和氣質類型看做是同一種東西，他說：「這些類型在人身上就是我們稱之爲氣質的東西。」他認爲興奮型相當於膽汁質，活潑型相當於多血質，安靜型相當於黏液質，弱型相當於抑鬱質。

然而心理學的發展告訴我們，氣質與神經活動類型並不是一個東西。因爲氣質是心理現象，神經活動類型是生理現象，用神經活動類型解釋氣質，僅僅爲氣質的生理基礎勾畫出一個輪廓。

氣質類型及其特徵

我們已經清楚地了解氣質的起源，氣質的定義，有關氣質形成的種種學說。人們對自我氣質的了解，以及對他人氣質的認識，通常是先從氣質類型的劃分和氣質特徵的認識開始的，就好像面對一屋子散亂無章的圖書，我們在整理時往往會從對圖書的分門別類開始。

1. 氣質類型的構成

目前最常用的氣質分類方法還是源於傳統的古希臘醫生希波克拉底的氣質學說——將人的氣質分爲黏液質、多血質、膽汁質，和抑鬱質四種氣質類型。

一、**膽汁質的人**：感受性低而耐受性高，因此，精力旺盛，不知疲勞，能以極高熱情去工作。情緒興奮性高，抑制能力差，易衝動，心境變化劇烈，脾氣暴躁，不易遏制，直爽熱情，行爲外向。

二、**多血質的人**：感受性低而耐受性高，言語、情緒、動作反應速度快而強烈，因此，活潑好動、靈活、善於交際、容易適應條件的變化，機智敏銳，能迅速把握新事物，注意力易轉移，情緒來得快，去得快，性情急躁，興趣多變換，不太穩定，行爲外向。

三、黏液質的人：感受性低而耐受性高，情緒興奮性低，明顯內向，能在各種條件下保持平衡。做事冷靜有條理，踏實而平穩，但易循規蹈矩。動作反應慢而不夠靈活，注意力穩定，沉默寡言，交際適度。

四、抑鬱質的人：感受性高而耐受性低，情緒感受性高，敏感，內心體驗深，極爲內向，膽怯、孤僻、寡歡、反應速度慢，具有刻板性和不靈活性，易受挫折，防禦性反應強，認真、細緻、機智、多疑、多慮。

但是，每個人的氣質並不單純地屬於某個類型，而應該是多種類型的混合，只是比較偏向於其中的某一類型。判斷一個人的氣質類型，應該考察其主要氣質和其他氣質之間的關係，簡單說某個人是什麼氣質類型，這是武斷的。

2. 氣質類型的特徵

我們已經了解氣質與神經活動類型並不是一個東西。因爲神經活動類型是生理現象，氣質是心理現象。因此，氣質是由外在的行爲反應表現出來的個性心理特徵。

在心理學的教科書上歸納氣質特徵有如下六個方面，我們可以發現，這六個方面實際是從兒童的九大方面氣質特徵發展而來的：

一、**感受性**：感受性指人對內外適宜刺激的感受能力，表示對刺激的敏感度大小。

二、**耐受性**：耐受性反映人對外界刺激在時間和強度上的耐受程度。心理學的研究發現，感受性低者，耐受性高，而感受性高者，耐受性則低。

三、**反應的敏捷性**：反應的敏捷性指心理過程進行的速度，如動作、言語、記憶、思維、注意轉移等方面的速度，主要通過應時的長短來衡量。它是靈活性的表現。

四、**情緒興奮性**：如有的人情緒興奮性很高，而抑制力很弱，或有的人情緒興奮性很低而抑制力很強，這不僅表現了神經過程的強度，而且表現了神經過程的平衡性特點。此外，情緒興奮性還顯示內、外向的特徵，有強烈情緒興奮性的人，往往也有強烈的外部表現。

五、**可塑性**：可塑性指人根據外界環境的變化，而改變自己適應行為的可塑程度。

六、**指向性**：指向性是指動作、言語、情緒等指向於外還是指向於內，即是所謂的外向或內向。

3. 契訶夫：小說大師眼中的氣質類型

契訶夫的小說《氣質》裡，對各種氣質類型的人有著精彩的描述，雖然小說是非學術性和專業性的並不免暗含嘲諷，但是依然有利於我們生動的了解不同氣質類型的不同特徵。

【多血質的人】

一切印象總是容易而又迅速地對這種人發生作用：由這一點，據古費蘭德（德國醫學家）說，就產生了輕率。……他在青年時代是嬰兒和小調皮。他對教員態度粗暴，不理髮，不刮鬍子，戴著眼鏡，在牆上亂塗一氣。他讀書很不用功，然而總能畢業。他不敬重父母。他有了錢就講究穿戴，窮了就生活得像豬一樣。他睡到中午十二點鐘才起床，上床睡覺的時候卻不固定。他一寫東西就錯誤百出。大自然把他送到人間來是專為談情說愛的：他也就專幹談情說愛的事。他老是喜歡喝得酩酊大醉。傍晚他不住灌酒，醉得看見一群綠色小魔鬼，可是到早晨起來，卻若無其事，只是腦袋微微發重，並不需要以毒攻毒。

他結婚出於偶然。他同丈母娘老是爭吵。他跟親戚不和。他毫無顧忌地說謊。他非常愛鬧事和參加業餘演出。在樂隊裡，他是首席小提琴手。他輕舉妄動，信奉自由主義思想，要麼根本什麼書也不讀，要麼讀得手不釋卷。他喜歡報刊，甚至親自動手給報刊寫文章。幽默刊物的郵箱，就是專為多血質的人發明出來的。

在他身上固定不變的，就是他的變化不定。在機關裡，他做特任文官或者諸如此類的官吏。在中學校裡，他教語文。他做官很少升到四品，如果升到四品，就會變成黏液質的人，有時候變成膽汁質的人。

浪子、壞蛋、草包都是多血質的人。我不主張你跟多血質的人同在一個房間裡睡覺：他會通宵給你講可笑的趣聞，如果沒有這類趣聞可講，就痛罵親友或者胡謅一通。他往往死於消化器官疾病和未老先衰。多血質的女人，如果不愚蠢的話，倒往往是很不錯的女人。

【膽汁質的人】

這種人容易動怒，臉色黃裡發青。鼻子有點歪，眼珠不住在眼眶裡轉來轉去，好比頭關在小籠裡的餓狼。

他動不動就發脾氣。要是跳蚤叮他一口，或者別針扎他一下，他就恨不得把整個世界撕成碎片。他開口講話，就唾沫星四濺，露出深黃的或者很白的牙齒。他深深相信到冬天「鬼才知道怎麼會那麼冷」，在夏天「鬼才知道怎麼會那麼熱」。……他每星期都更換家裡僱用的廚娘。吃飯的時候，他總是心緒惡劣，因為所有的菜不是炒焦了就是太鹹了。……這種人大多數是單身漢，如果結了婚，就會把妻子鎖在屋裡。他的醋勁大得不得了。他不懂得玩笑。他什麼都受不了。他看報只為把報刊工作者罵一頓。他還在娘胎裡，就已經相信所有的報紙都在扯謊。……

這種人做丈夫和朋友是糟透了的，做部下幾乎不可想像，做上司卻叫人受不了，非常不得人心。不幸，他往往做教師，教算術和希臘語。我不會奉勸你們跟這種人同在一個房間裡睡覺：他通宵咳嗽，啐唾沫，大聲罵跳蚤。他夜裡聽見貓叫或者公雞啼，就不住地咳嗽，扯開破鑼般的嗓門，打發聽差爬到房頂上去捉住「歌手」，無論如何要把它掐死。他往往死於肺結核或肝病。膽汁質的女人是穿著裙子的魔鬼，是鱷魚。

【黏液質的人】

這是可愛的人（我講的，不消說，不是英國的而是俄國的黏液質的人）。他外貌極其平常，粗眉大眼。

他臉色老是一本正經，因為懶得笑。他吃起東西來，有什麼吃什麼，時間也不拘。他不喝酒，因為怕腦充血。他一天睡二十小時。他是各式各樣委員會、會議、特別會議的常任委員，在會場上什麼也不理解，毫不害臊地打盹兒，耐心地等著會議結束。

他到三十歲才由舅舅和舅媽幫忙結婚。嫁給這種人最合適：他對什麼條件都同意，絕不抱怨，處處隨和。他管妻子叫「寶貝」。他好吃乳豬加辣，喜愛歌手，喜愛一切帶酸味的吃食，喜愛寒冷。「無聊中的無聊，一切都是無聊」這句話就是由黏液質的人想出來的。只有經人推選為陪審員，他才感到痛苦。他見到胖女人就嗽喉嚨，動手指頭，竭力微笑。他訂《田地》雜誌，由於雜誌上不附圖片，不登滑稽作品而生氣。

他認為寫作者是最聰明的人，同時又是最有害的人。他惋惜他的孩子在中學沒挨打，他自己有時候是要動手打孩子的。在機關裡他官運亨通。在樂隊裡他拉低音提琴，吹小喇叭，吹長號。在戲院裡，他做售票員，做服務員，做提詞員，有的時候為了一塊小麵包也做演員。他往往死於中風或者水腫。黏液質的女人往往是日爾曼女人，愛流淚，生著爆眼睛，身材挺胖，細皮白肉，軟綿綿的。她好比裝滿麵粉的大口袋。她生下來就為日後做丈母娘。做丈母娘就是她的理想。

【憂鬱質的人】

這種人生著灰藍色眼睛，很容易落淚。額頭上和鼻子旁邊有細紋。嘴有點歪，牙齒發黑。他動不動就心情憂鬱。他老是抱怨心口痛、腰酸、消化不良。他喜歡幹的事莫過於照著鏡子觀察自己的軟綿綿的舌頭。他認為他肺弱，神經有病，因此每天不喝茶而服煎藥，不喝白酒而服長命水。他用悲痛含淚的聲調通知他的親友說，稠櫻葉水和纈草酊（鎮靜劑）對他已經無濟於事。

……他認為每星期不妨服一次輕瀉劑。他早已斷定醫師們不理解他的男巫、女巫、巫醫、醉醺醺的醫士，偶爾還有收生婆，統統是他的頭號恩人。他九月就穿皮大衣，五月才脫下來。他懷疑每條狗都有狂犬病。

自從他的朋友告訴他說，貓能夠把睡熟的人咬死以後，他就把貓看成人類不共戴天的仇敵。他早已寫好遺囑。他發誓賭咒絕不喝酒。他偶爾喝點熱啤酒。他娶孤女為妻。如果他有丈母娘，他就口口聲聲說她是最美麗最聰明的女人。對於丈母娘的教誨，他總是微微歪著頭聽，一聲不響；他認為吻她那雙冒汗的、帶著醃黃瓜的鹽湯味的肥手，是他最神聖的責任。

他同舅舅、舅媽、教母、小時候的朋友經常通信。他不看報。他偷偷地讀德貝和若桑的著作（關於生理學和婚姻衛生問題的著作，這些書的俄譯本在十九世紀60和70年代流行於俄國）。在韋特良流行瘟疫期間，他有五次吃素。他害淚漏症，常做噩夢。他的官運不大亨通：至多升到副科長為止。他喜歡《可愛的松明》（俄國一首民歌）。在樂隊裡，他吹長笛，拉大提琴。

他一天到晚咳聲歎氣，因此我不會奉勸諸君跟他同在一個房間裡睡覺。他常預感到要發生洪水、地震、戰爭、道德的徹底崩潰，他自己會得一種可怕的病而死。他往往死於心臟病和巫醫的治療，還常常死於疑心。憂鬱質的女人是最使人受不了、最不安寧的人。她做妻子，就把丈夫折磨得神經麻木、灰心喪氣、自尋短見。她只有一點好處，那就是要擺脫她也不難：給她點錢，打發她去朝聖就行了。

4. 現實生活中不同氣質類型的表現

讀完了契訶夫筆下的人物，再來看看現實生活中的例子吧！例如都對老闆的批評不服氣，但不同氣質類型和特徵的人表現的方式卻大不相同。膽汁質的人馬上暴跳如雷，與批評者爭吵起來，並說了些不三不四的話；多血質的人立刻明白問題出在什麼地方，在接受老闆批評的同時，又婉轉幽默地進行了解釋；黏液質的人表面上不動聲色，心裡卻生悶氣；抑鬱質的人情緒十分沮喪，夜不成寐，思想包袱沉重。

而同樣是面對疾病痛苦，膽汁質的人可能無所謂；多血質的人可能面部的痛苦表情十分豐富；黏液質的人可能一聲不吭；抑鬱質的人可能焦慮不安。

由於不同氣質類型的人氣質特徵的差別，因此他們對待事物的反應是不同的，而這種反應的差別很可能帶來不同的後果，比如膽汁質的人既影響了自己的情緒，也影響了對方的情緒，將事情鬧得很不愉快，問題也沒有得到解決。而多血質的人處理問題則理智得多，相對來說問題將會得到較為有利的解決。黏液質的人容易壓抑自己，而對方卻不了解他受到了委屈，不利於彼此的溝通。抑鬱質的人任何努力都還沒做，自己就已經先放棄了，同時也得不到對方的理解。

一個人更明確地了解自己的氣質類型和氣質特徵，就能更好地調節自己的情緒和行爲，更好地適應社會環境和生活。

你具備什麼樣的氣質

有的人性格開朗、瀟灑大方，往往表現出一種聰慧的氣質；有的人性格開朗、溫文爾雅，多顯露出高潔的氣質；有的人性格爽直、風格豪放，氣質多表現爲粗獷；有的人性格溫和、風度秀麗端莊，則表現爲恬靜的氣質……無論聰慧、高潔，還是粗獷、恬靜，都能產生一定的美感。相反的，刁鑽奸猾、孤傲冷僻，或卑劣委靡的氣質，除了使人厭惡以外，絕無美感可言。

那麼你呢？

不妨靜下心來，誠實而坦率地和自己做一次面對面的交流，面帶微笑欣賞自己所具有的美好氣質，同時像揪下樹葉上的蟲子那樣，毫不留情地挖出自己氣質中的陰暗面，並讓它們曝曬在陽光下。

對於這個章節中的測試題，你千萬不可掉以輕心，應當誠實地回答自己的所思所想。如果是以一種應付考試的心態來做的話，那麼，獲得的測試結果是不準確的，這對你毫無意義。

1. 測試你的氣質類型

通過以下的測試題，你將了解你的基本氣質類型。

測試說明：

請將題目與你自己的情況進行對照：

A——你認爲很符合自己情況的，記2分；

B——比較符合的，記1分；

C——介於符合與不符合之間的，記0分；

D——比較不符合的，記負1分（-1）；

E——完全不符合的，記負2（-2）分。

題目	A	B	C	D	E
1. 做事力求穩妥，不做無把握的事。					
2. 遇到生氣的事就怒不可遏，想把心裡話全說出來才痛快。					
3. 寧可一人幹事，不願很多人在一起。					
4. 到一個新環境很快就能適應。					
5. 厭惡那些強烈的刺激，如尖叫、噪音、危險鏡頭等。					
6. 和人爭吵時，總是先發制人，喜歡挑釁他人。					
7. 喜歡安靜的環境。					
8. 善於和人交往。					
9. 羨慕那種善於克制自己感情的人。					
10. 生活有規律，很少違反作息制度。					
11. 在多數情況下情緒是樂觀的。					
12. 碰到陌生人覺得很拘束。					
13. 遇到令人氣憤的事，也能很好地自我控制住。					
14. 做事總是有旺盛的精力。					
15. 遇到問題常常舉棋不定，優柔寡斷。					
16. 在人群中從不覺得過分拘束。					
17. 情緒高昂時，覺得幹什麼都有趣；情緒低落時，又覺得做什麼都沒有意思。					
18. 當注意力集中於某一事物時，別的事物很難使我分心。					
19. 理解問題總比別人快。					
20. 碰到危險情境，常有一種極度恐懼感。					
21. 對學習、工作、事業抱有很高的熱情。					

續表

題目	A	B	C	D	E
22. 能夠長時間做枯燥、單調的工作。					
23. 符合興趣的事情，幹起來勁頭十足，否則就不想幹。					
24. 一點小事能引起情緒波動。					
25. 討厭做那種需要耐心、細緻的工作。					
26. 與人交往不卑不亢。					
27. 喜歡參加熱烈的活動。					
28. 愛看感情細膩、描寫人物內心活動的文學作品。					
29. 工作學習時間長，常感到厭倦。					
30. 不喜歡長時間談論一個問題，願意實際動手幹。					
31. 寧願侃侃而談，不願竊竊私語。					
32. 別人說我總是悶悶不樂。					
33. 理解問題常比別人慢些。					
34. 疲倦時只要短暫的休息就能精神抖擻，重新投入工作。					
35. 心裡有話，寧願自己想，不願說出來。					
36. 認準一個目標就希望盡快實現，不達目標，誓不罷休。					
37. 同樣和別人學習、工作一段時間後，常比別人更疲倦。					
38. 做事有些莽撞，常常不考慮後果。					
39. 老師和師傅講授新知識、新技術時總希望他講慢些，多重複幾遍。					
40. 能夠很快忘記那些不愉快的事情。					
41. 做作業或完成一件工作，總比別人花的時間多。					

題目	A	B	C	D	E
42. 喜歡運動量大的劇烈體育活動，或參加各種文藝活動。					
43. 不能很快地把注意力從一件事轉移到另一件事上去。					
44. 接受一個任務後，就希望迅速完成。					
45. 認為墨守成規比冒風險強些。					
46. 能夠同時注意幾件事。					
47. 當我煩悶的時候，別人很難使我高興。					
48. 愛看情節起伏跌宕激動人心的小說。					
49. 對工作十分認真嚴謹，具有始終一貫的態度。					
50. 和周圍人們的關係總是相處得不好。					
51. 喜歡復習學過的知識，重複做已經掌握的工作。					
52. 希望做變化大、花樣多的工作。					
53. 小時候會背20首詩歌，我似乎比別人記得清楚。					
54. 別人說我「出語傷人」，可我並不覺得這樣。					
55. 在體育活動中，常因反應慢而落後。					
56. 反應敏捷，頭腦機智靈活。					
57. 喜歡有條理而不麻煩的工作。					
58. 興奮的事常常使我失眠。					
59. 老師講新的概念，常常聽不懂，但是弄清楚以後就很難忘記。					
60. 假定工作枯燥乏味，馬上情緒低落。					

測試題目：

將分數分類，並匯總各類得分。

膽汁質題號：2、6、9、14、17、21、27、31、36、38、42、48、50、54、58。

總得分（　　）。

多血質題號：4、8、11、16、19、23、25、29、34、40、44、46、52、56、60。

總得分（　　）。

黏液質題號：1、7、10、13、18、22、26、30、33、39、43、45、49、55、57。

總得分（　　）。

抑鬱質題號：3、5、12、15、20、24、28、32、35、37、41、47、51、53、59。

總得分（　　）。

說明：

(1)如果其中一種氣質得分明顯高出其他3種，均高出4分以上，則可定爲該類型氣質。此外，如果該類氣質得分超過20分，則爲典型；如果該類得分在10～20分，則爲一般型。

(2)兩種氣質類型得分接近，其差異低於3分，而且又明顯高於其他兩種，高出4分以上，則可定爲這兩種氣質的混合型。

(3)三種氣質得分均高於第四種，而且接近，則爲3種氣質的混合型，如多血——膽汁——黏液混合型或黏液——多血——抑鬱質混合型。

2. 了解你的氣質特徵

當你測試出自己的氣質類型，可以回到前面所提到的氣質類型劃分，比較一下你的氣質類型所對應的特徵。如果你是混合型的，可以參照下面的例子進行自我分析。

如果你是膽汁——多血——抑鬱質的混合型，在你的身上會很奇怪的顯現出一種豪邁和敏感的結合，輕率和自責的對抗，多情與多愁善感的憂傷。有時你激烈如火山爆發，如一匹烈馬在草原上無拘無束地馳騁，即使面對的是你的上司或你的另一半，你也會任由自己的情緒歇斯底里的發洩，可十分鐘之後，你會找到他，誠摯地向他表示自己的歉意，然後事情卻再一次重複。有時你患得患失，爲了朋友的一句話甚至一個眼神而一夜失眠。在朋友聚會上，你風趣健談，一杯飲盡又一杯，直到不醉不歸，酒桌縱橫之後，你卻默默退縮一旁，想起你的傷心事，黯然淚下。有一句歌詞可以形容你：「我是一個容易受傷的人。」

如果你是黏液——膽汁混合型，情況自然就不同了。相對而言，你比較會保護自己。通常你都是面無過多表情，默默無言地觀察你身邊的一切，然而做起事情卻風風火火。如果與你有個約會，無論遇到什麼樣的困難，你風雨無阻，說到就到。打開你的手提包，會發現裡面的東西被井井有條地歸類安放，該在這格待的就一定不會跑到那格去，應該說也不會出現什麼多餘的東西。當然很可能在最外面的一層拉鏈小袋裡，會擁擠著一大堆票據，就好像沉默多年的火山，你會在突然之間爆發自己的一通不滿，然後又會在瞬間繼續沉默。你對表白感情之類的話語向來都很吝嗇，好像一潭死水，可2月14日那天，你的愛人會發現你的手上多了一樣東西，一束嬌豔的紅玫瑰。

如果你是多血——膽汁——黏液混合型，我想你身邊的朋友一定會說你是個樂觀、開朗的人。朋友們都喜歡你，因爲你給大家帶來歡笑，你很會帶動大家的情緒，如果聚會缺了你，笑聲會減少一半以上。你詼諧，善於交際，爲人處世一點就通，在你的聰明中，暗含著一點點的狡黠，一點點的心計。你看上去非常無憂無慮，哪怕身上只剩下一塊錢，你也會對自己說：「山窮水盡疑無路，柳暗花明又一村。」一切都會好起來的，是你的口頭禪。你很有理智，絕不會隨便衝人發火。你很堅韌，一個接一個的困難不會讓你輕易屈服，你會制定出自己的計畫，有條有理，並堅持不懈地實現它。

3. 氣質特徵的測試與分析

試著從你的感受性、耐受性、反應的敏捷性、情緒興奮性、可塑性、指向性這些方

測試你的氣質指向性（外向或內向）

題目	是	不是	不能肯定
1. 對那些做錯事的人往往極不滿意。			
2. 一般來說，對他人的處境不太關心，比較關注自我。			
3. 感情比一般人豐富，常常與人發生誤會。			
4. 目標遠大，能夠為之做出努力。			
5. 常常在不知不覺中就對他人反感。			
6. 喜歡遠離鬧市區，到農村或郊外去郊遊。			
7. 生活態度很嚴肅，絕不遊戲人生。			
8. 有祕密總是自己堅守住，極少向人吐露，哪怕是很親密的人。			
9. 常會反省自己，喜歡在安靜的環境中獨處。			
10. 明確地意識自己的獨特，不強人所難。			

測試你的氣質黏著性

題目	是	不是	不能肯定
1. 舉止莊重而認真，從不拖遝。			
2. 經常看不慣社會中的不良現象，自己也從來不捲入其中。			
3. 能夠專心致志於自己的事情，思維嚴密。			
4. 心胸開闊，對事情很有主見。			
5. 大多數情況下能夠克制自己。			
6. 面對事情，只要已經著手，就堅持不懈。			
7. 自己的東西，被別人用了會覺得很不自然。			
8. 經常整理自己的房間，在亂糟糟的環境中無法安下心來。			
9. 認為過度浪費錢簡直就是一種犯罪。			
10. 認為凡事應有規則，不能隨便打破。			

測試你的氣質同調性

題目	是	不是	不能肯定
1. 能夠與各種不同的人打交道。			
2. 比較大度，甚至可以說是虛懷若谷。			
3. 富有情感，看戲或看電影常常激動得落淚。			
4. 富有幽默感。			
5. 時而樂觀開朗，時而又抑鬱不振，總是交替進行。			
6. 不太喜歡所謂的「原則」，覺得人與人之間應隨便一點。			
7. 對新事物很有興趣。			
8. 不喜歡那種指使別人的人。			
9. 有時候也做一些令人感到孩子氣的事。			
10. 待人熱情，喜歡體育運動。			

測試你的氣質神經質

題目	是	不是	不能肯定
1. 常感到心跳加快、心慌。			
2. 總是按自己固定的模式辦事。			
3. 如果到了一個新地方就很難適應。			
4. 常常自尋煩惱。			
5. 遇到不順心的事，總是難以平靜。			
6. 時常急躁，一旦事情不如自己所想，就難以正確處理。			
7. 事情過後，總是後悔自己沒有做好。			
8. 該拿主意的時候，總是下不了決心。			
9. 常常擔心自己得了什麼難以醫治的疾病。			
10. 各種感覺比一般人靈敏，但動作及反應並不快捷。			

測試你的氣質顯示性

題目	是	不是	不能肯定
1. 在聚會時，常常是中心人物。			
2. 在別人面前，往往會不自覺地做一些誇張的動作。			
3. 心裡想什麼，總希望有人知道。			
4. 好奇心很強。			
5. 喜歡追求時髦。			
6. 很注意周圍人的成就，有時有妒忌心。			
7. 渴望有朝一日能夠登上財富和權力的頂峰。			
8. 社交關係廣泛，判斷力較強。			
9. 很注意穿著，並想以此吸引旁人的注意力。			
10. 做事常常只有瞬間的熱情。			

面分析一下自己的氣質類型所具有的特徵。

下面的測試，將幫助你測試自己的「氣質特徵」：

說明：在下面選項中，選「是」記2分，選「不是」記0分，選「不能肯定」記1分。

五組分數中，最高分代表了你最主要的氣質特徵，如果兩個最高分相當接近，則表現為混合型。

（一）內向性氣質

內向性氣質的人謹慎、安靜、真摯，易於滿足現狀，喜歡獨處，給人感覺比較神祕。這種氣質的人社交能力較弱，往往很難與人溝通。總是以自我為中心，很清楚地區分自己和別人，不能容忍別人的侵入，大多是個人主義者。能夠克制自己的感情，使之不動聲色。但因為感情豐富，易感情用事，所以容易受傷害。較多疑，易起猜忌。富於幻想，對現實不太感興趣，在理想的王國中得到解脫。對於人生的態度，他們是嚴肅的。他們的戀愛充滿了理想主義色彩，苦苦尋覓自己心中的偶像，往往表現得很浪漫。

在這種氣質的人中，有一種很有才華的人，工作能力出衆，絕不允許馬虎，更不能容忍出錯，喜歡按部就班的方式，喜歡指使別人，是個嚴厲的領導者，缺乏平等的待人態度。此外，還有一類傾向於穩重的人，他們缺乏熱情，對人不憎恨也不親近，有一種與世無爭的特性，總是做旁觀者，處於被動的角色，經常愁眉苦臉，顯得與這個世界格格不入。

（二）黏著性氣質

黏著性氣質的人共同特徵是專心、堅定、始終如一、一絲不苟，遵守常規。他們留給人的第一印象比較好：一般不緊不慢，彬彬有禮。他們大多時候感覺遲鈍，辦事不夠乾脆。偶爾也會突然爆發，不顧一切。這種氣質最突出的特徵就是堅持不懈。一旦認準了目標，就會一直堅持下去。有時會留給人不會變通、認死理的印象。對正在做的事情，都能一絲不苟，絕不粗心大意。那股認眞勁，有時甚至令周圍的人有點難以接受。

他們對社會中的各種規則不會有反抗的欲望，總是覺得規則高於一切，忠誠地遵守，對隨意違反的人深惡痛絕。他們顯得比較頑固，不能很快地適應環境，從另一方面來看，也提供了一個集中精力解決問題的條件，不為外界所動，所以常常能取得別人難以企及的成功。

（三）同調性氣質

同調性氣質的人擅長社交、親切善良、溫和老實。他們會兼有兩方面的特徵：開朗活潑、性急、富於激情和幽默感；柔和、安靜、抑鬱。這兩種特徵處於一種變化狀態之中，有時開朗、富有活力。有時抑鬱寡歡、對周圍毫無興趣。遇到不順心的事，總愛責備自己。他們通常不埋怨別人，只是在自己身上找原因。他們的笑是一種非常有魅力的笑：微笑。他們善於傾聽，也會利用自己的幽默天賦，使氣氛更加活躍和愉快。他們善於思考，博覽群書，擁有豐富的知識，具有智慧的頭腦和敏捷的思維。

他們最大的特點是適應性，與整個社會是協調的。他們總會做出必要的妥協和退讓，來適應社會，即使有時候委屈了自己也在所不惜。他們比較注重現實，但是他們的順應也有不好的地方：該堅持的不敢堅持，該果斷又難以做出決定。

（四）自我表現氣質

自我表現氣質的人喜歡以自我為中心，感情誇張，虛榮心比較強烈，好勝心也很強，意志不堅定，常把希望寄託於不切實際的幻想中。他們積極地追求名譽和威信，有時不顧自己的實際情況，輕率地做出舉動。他們總是竭盡全力地讓別人注意自己，努力使自己成爲人們的焦點，成爲被認可和被接受的人。他們社交比較廣泛，尤其喜歡和名人交往，以此得到精神上的滿足。他們看問題很少考慮對方的立場，只要符合自己心意的，就想當然的認爲也一定符合別人的心意。

這種氣質的人喜歡逃離現實，到一種理想主義的境界裡尋找滿足，這與他們的自我表現意識有關，因爲執著於自我表現，一旦在現實中遇到挫折，只好借助虛無主義的手段，尋求心理平衡。

一件平常的事，他們都會做出令人驚奇的反應，如果在大街上遇到朋友會表現得激動無比，可是一轉身，很快就把他忘了，所以他們的內心感情並不豐富。

（五）神經質氣質

神經質氣質的人大都神經過敏，感覺比一般人靈敏，比如能聽到別人不易聽到的極其微弱的聲音。在感情上易於感受別人的關懷或冷漠，並常常牢記在心。往往自卑、膽怯、小心謹愼、強迫症明顯，一般都是「完美主義者」，希望自己能把每一件事都做得完美無缺，一旦不如所願，就會喪失信心，產生自卑感。他們善於批判自己，但批判過度了，就只會增加心理的壓力，帶來更多的煩惱。強迫症是他們典型的表現，他們自己也知道那樣做不好，但有禁不住要那樣做，無法控制自己，這是他們最不利的方面。

德萊姆的《電影院》就用繡花針一樣的筆觸，精心還原出了神經質氣質的細微心理感受：「去電影院，並不是眞正的出路。你勉強地與他人爲伍。重要的是，進入大廳時所感受到的那種舒適的飄浮狀態。影片還未開始放映：一種類似水族館裡的感觀在篩選著此起彼伏的交談……」他的筆下，「電影院」傳達出神經質氣質的人，常有的那種微不足道的憂鬱或傷感。

不同氣質類型的優點和缺點

1. 氣質無好壞之分

嚴格地說，氣質類型並沒有好壞之分。因爲氣質類型受遺傳因素影響較大，就像我們的長相、身高一樣，我們只能後天加以修飾，很難改變其先天的特性；氣質與心理活動的動力特徵有關，是神經系統最基本的特性，而與心理活動的內容無關。例如，膽汁質的人，通常情況下，無論做好事還是做壞事，他都會表現出行動敏捷，精力旺盛。他不會因爲是壞事而拖拉，行動遲緩，言語吞吐。

俄國四位著名的作家：普希金爲膽汁質，赫爾岑爲多血質，克雷洛夫爲黏液質，果戈理爲抑鬱質，他們是氣質類型十分不同的人，但他們同樣在文學上取得傑出的成績。

李白爲膽汁質，郭沫若爲多血質，茅盾爲黏液質，杜甫爲抑鬱質，雖然他們氣質類型不同，但他們都是我國歷史上成就突出的著名詩人。

成龍爲膽汁質，周星馳爲多血質，劉德華爲黏液質，梁朝偉爲抑鬱質，雖然他們氣質不同，但他們同樣是香港最著名、最有成就的演藝界大亨。

不過，氣質特徵本身有優勢的心理特徵一面，也有劣勢的心理特徵一面。隨著年齡的增長，特別是社會生活環境的改變和教育及家庭等各種因素影響，氣質可以發生不同程度的變化。爲了很好地適應生活、工作和學習的需要，了解自己氣質存在的缺陷，發揮氣質的積極方面，改造或克服氣質消極的一面具有重要的現實意義。

就像上面提到的這些成就突出的名人，他們的成功在於他們的天賦、勤奮和創造，他們放大自己好的一面，然而他們也不斷完善自己的缺點。因此首要一點，你要清楚地認識自己的氣質缺陷在哪裡，有針對性地進行調整。

2. 膽汁質的優點與缺點

優點：肯定、積極、自立、反應敏捷、競爭性、意志堅定、善於說服、富於冒險、無畏、勤勞、遠見、執著、果斷、獨立、自信、勇敢、坦率。

缺點：排斥異己、專橫、不老練、工作狂、魯莽、好爭吵、自負、固執、不善於表達、急躁、過分率直、逆反、煩躁、易怒、統治欲、無同情心、好操縱。

3. 黏液質的優點與缺點

優點：計劃性強、體貼、自我犧牲、堅持不懈、善於分析、規範、完善、規劃性強、忠心、考慮周到、深沉、理想主義、有修養、講究細節、井井有條。

缺點：內向、壓抑、過分敏感、不喜於交際、消極、不合群、悲觀、挑剔、無安全感、難以取悅、忸怩、好批評、勉強、多疑、孤僻、情緒化等。

4. 多血質的優點與缺點

優點：無拘無束、主動、生氣勃勃、鼓動性、有說服力、擅長社交、喜好娛樂、活潑、受歡迎、感情外露、活躍氣氛、可愛、有趣、樂觀、開朗等。

缺點：反覆、混亂、囉嗦、虛榮、幼稚、易怒、放任、輕率、好插嘴、健忘、散漫、善變、好表現、報復、不專注、粗心大意、大嗓門等等。

5. 抑鬱質的優點與缺點

優點：耐性、滿足、含蓄、自控性、順服、平和、適應性強、平衡、知足、善聆聽、容忍、敏銳、細緻、調節者、貫徹始終、友善、遷就、善於交際等。

缺點：妥協、拖延、懶惰、緩慢、言語不清、乏味、缺乏熱情、保守、膽小、多疑、嫉妒、膽怯、擔憂、冷漠、平庸、不合群、優柔寡斷等等。

6. 如何對待氣質的優缺點

如果你的膽汁質成分多一些，就要發揚自己豪放進取的一面，要防止自己衝動、任性、粗暴的一面；鼓勵自己養成堅韌、鎮定、沉穩的品質，遇事要沉著，做事要持之以恆，不斷學會自制，培養自己富於理性的勇敢進取、大膽創造性等。

如果你的多血質成分多一些，則要發揚自己熱情、善於交際的長處，但要防止自己做事粗心大意，虎頭蛇尾的毛病，培養自己形成穩定和有毅力的品質，要嚴格要求自己，養成做事要有計畫、有目標、有要求等，不能使自己感到無事可做。要培養自己有穩定的興趣，發揮自己熱情奔放、機敏靈活的品質，要求自己在學習、工作和生活中不要心猿意馬、朝秦暮楚，做事要專心致志和敢於面對困難等。

如果你的黏液質成分多些，是個安靜、穩重、注意力穩定、善於忍耐的人，就要發揚自己踏實、頑強、自制的長處，防止自己墨守成規、謹小慎微、缺乏進取、固執己見的不良品質的蔓延，應該鼓勵自己多參加集體活動，養成機敏開朗的品質。當學習和活動的任務交給自己時，要求自己獨立地完成任務。要多給自己活動機會，主動探索新問題，讓自己更加生動、機敏、靈活地完成任務，否則會影響合作能力的發展。

如果你的抑鬱質成分多些，做事細心，善於覺察別人不易發現的細節，要發揚自己機智、敏感、細緻、自尊的一面和善於思考的優勢，樹立自信心，防止自己怯懦、多疑、孤僻的一面，克服自己憂鬱，大膽勇敢地承擔工作重任，鍛鍊自己在公開場合發表意見的勇氣和能力。

第二章

影響氣質的因素

家庭因素對氣質的影響

曾有記者採訪日本作家村上春樹。記者問：「你快樂麼？」村上春樹答：「我快樂，但不滿足。我有一個妻子和幾個很好的朋友，可我覺得自己是個弄不清楚的謎。爲了搞清楚這個謎，我要寫作，尤其要寫小說，這樣的一直探索，至死不渝。我的內心像有許多抽屜的木櫃，每個抽屜裡都裝著一個不同的我，就是自己也不知道當中有多少個，更不知道其中底細。寫作時，我會把其中一個抽屜拉開，看看裡面是誰，有時自己也感到驚訝，因爲有些抽屜裡面非常幽暗……」

也許在前進的道路上，你所繞過的彎道，你所遇到的挫折，你所困惑的際遇，你遲遲到達不了自己想要到達的目的地，甚至你迷失了方向，這一切的原因其實很簡單：你並不了解自己。

在雅典阿波羅神廟門廊的石板上，先哲們刻下了這樣一句箴言：「認識你自己！」認識自己的一個重要方面就是認識自己的氣質，認識影響自己氣質特徵的因素有哪些？

《亂世佳人》原著中的主角郝思嘉小姐長得並不漂亮，然而，男人們被她的魅力迷住時，卻極少意識到這點。「她的臉上顯然融合了她的母親——沿海一位法蘭西血統的貴族，和她的父親——愛爾蘭後裔的特點，既標緻嬌柔，又紅潤粗獷。」

氣質的與生俱來反映了氣質很大程度來源於遺傳。在一個人的身上往往混合了父母的雙重氣質特徵，比如母親的急躁和父親的沉默奇怪的混合在一起。除了遺傳因素之外，家庭、教育、性別、年齡階段、你所受到的職業訓練、你所處的地域，以及你的生活經歷等眾多因素，都在潛移默化地影響你的氣質。

在眾多因素中，家庭因素對人的氣質影響最大。生活告訴我們，孩子的故事就是家庭的故事，家庭的故事就是婚姻的故事。從夫妻帶著各自的家庭文化走在一起開始，這個婚姻就在建構一個無形之塔。在這個無形之塔中，不同的婚姻產生不同的家庭，不同的家庭又塑造出不同的孩子。

1. 家庭與古龍的叛逆氣質

武俠小說家的大俠古龍的少年時代，家庭戰爭不斷，他的父母三日一小吵，五日一大吵，甚至發展到打罵、拳腳相加，並都拿孩子出氣，直到最後的離異。古龍從家庭中得到的溫暖和愛護實在太少了，他感受到的只是可怕的家庭陰影。他因此將怨恨發洩在父親身上，他認為這一切都是父親一手造成的，於是父子在一場激烈爭吵後，就此斷絕了關係。

由於家庭的影響，古龍在少年時就極有個性，頗具反叛氣質，做事不願循規蹈矩，在日常生活中我行我素，浪子性情，家庭觀念淡薄。他孤傲而又孤僻，怪誕而又冷漠，有時又不乏同情和憐憫。一懷傷悲，一懷叛逆，浪子加悲客，多情兼無情，怪誕地結合在他身上。他的這種氣質在他以後的創作和生活中都表露出來。在他創作的武俠小說中，塑造了大量的浪子形象，《多情劍客無情劍》的「小李飛刀」李尋歡，就是這樣一個典型，其中似乎就有古龍的影子。

2. 父母的教育方式與氣質的形成

家在每個人的心目中幾乎是不可替代的，根據美國一項民意測試顯示，當出現經濟蕭條、高失業率，許多家庭面對種種困難之際，絕大多數人認爲唯有家庭才是眞正的避風港。

家庭是以一定的婚姻關係、血緣關係組合起來的社會基本單位，是一種特殊的心理認可群體。夫妻關係是家庭的中心紐帶，在此基礎上存在的父母、子女關係是第二紐帶。由於家庭規模和組成家庭的成員不盡相同，千家萬戶又可劃分爲不同類型：

(1)以夫妻爲核心以及孩子組成的三口之家。

(2)除夫妻和孩子之外，還有父母組成的主幹家庭，這種多是由於住房或照顧幼兒的需要。

(3)還有一種大家庭，除以上家庭成員之外，還有其他成員參加。比如《紅樓夢》中的榮國府和寧國府，便是兩個巨大的擴大家庭，但現在已經爲數不多了。

(4)另外還有一種是不完全家庭：如單親家庭、父母雙亡的家庭。

我們每個人出生後，便受到家庭的養育和教育。精神分析學認爲，從出生到五六歲期間，是人格形成的最主要階段。父母的教養方式、家庭的組成狀況（如單親家庭、家中子女多少）、出生順序、家庭的社會經濟地位等都會對一個人的人格發展和氣質產生影響。其中，父母的教養方式是非常重要的一個方面。

父母如果採取民主的教養態度，既滿足孩子的正當要求，尊重孩子的自由和獨立，又給予一定的限制或禁止；既保護孩子的活動，又給以社會和文化的訓練；能客觀地評價孩子的行爲，且對孩子富於愛心，孩子多表現爲富有創造性和獨立精神、忍耐力強、對人友善。

父母如採取的是權威的教養態度，強調孩子要聽話、要服從，用各種清規戒律約束孩子，干預孩子的個人意志，防止和制止孩子的獨立行爲；經常發出各種指示和禁令，如不許淘氣、不許亂跑、坐著不許亂動，等等，會使孩子容易產生恐懼心理、缺乏自

父母教養方式與孩子的人格、氣質

父母教養方式	孩子的人格、氣質
支　配	消極、缺乏主動性、依賴、順從
干　涉	幼稚、膽小、神經質、被動
嬌　寵	任性、幼稚、神經質、溫和
拒　絕	反抗、冷漠、自高自大
不　關　心	攻擊、情緒不穩定、冷酷、自立
專　制	反抗、情緒不穩定、依賴服從
民　主	合作、獨立、溫順、社交

信、常以說謊自衛。他們會深具反抗性和攻擊性。嚴重者會喪失自尊、自暴自棄，或脾氣暴躁。而採取放縱的教養態度，盲目接納孩子的要求，雖對孩子富有愛心，但這種愛心缺乏理性。易使孩子形成任性、自私懶惰、缺乏獨立，和進取精神等不良性格。

心理學家錢銘怡對父母教養方式與孩子的人格氣質相關研究發現，父母對子女採用嚴厲懲罰、過分干涉、拒絕否認的教育方式越多，子女越可能多地表現出孤獨、不關心他人、難以適應外部環境、喜歡冒險等。而大量研究顯示，過度保護、權威主義的教養方式，是形成依賴人格的重要影響因素。

看到這裡，或許你已經心中有數了，自己氣質中的某一些特徵，原來來源於自己的家庭，特別是你的父母對你採取的教養方式。無論你天生具有什麼樣的氣質類型，你的家庭狀況和父母教養方式都對你的氣質產生了重要的影響，不論這種影響是好是壞，都已經融入你的氣質特徵中，並表現出來。

在瑞典導演英格瑪・伯格曼的《秋天奏鳴曲》中，則描寫了一對母女之間的複雜情懷。母親說：「我爲了你，犧牲事業，回家陪著你父親和你，那是我最快樂的日子。」女兒說：「那時你的事業開始走下坡，你帶著過剩的精力留在家裡，把全部心意都放在我身上。當時我正處於發育期間，身體髮膚，全部逃不過你的眼睛，我的一舉一動，衣著樣貌，沒有一件讓你滿意，你讓我完全失去自信。」母親說：「難道我爲你所做的一切，你一點都不欣賞？難道我的心意，你毫不領情？」女兒說：「在愛與關懷的大前提下，什麼傷害都可以發生！」母親的過多干涉，使孩子膽小、神經質、被動，失去自信，並使兩人介於微妙的愛與恨的心理糾纏中。一個天性具有樂觀氣質的孩子，因此而蒙上了壓抑的陰影。

雖然家庭是你無法選擇的，父母的教養方式也由不得你控制，也許你因此具有某些負面的氣質特徵，但不必沮喪，因爲你已經開始更深入地了解自己了，而所有的改變都是從認識自我拉開帷幕的。

教育因素對氣質的影響

1. 風華絕代，只因教育

林徽因是中國第一位女性建築學家，同時也被胡適譽為中國一代才女。二十世紀30年代初，林徽因與夫婿梁思成用現代科學方法研究中國古代建築，成為這個學術領域的開拓者，後來獲得了巨大的成就。從30年代初至抗日戰爭爆發，他們走遍了15個省、200多個縣，實地勘察了二千餘處中國古代建築遺構。他們的工作為中國古代建築研究奠定了堅實的科學基礎。

林徽因在文學方面也頗有建樹，她的散文、詩歌、小說、劇本、譯文，和書信等作品，均屬佳作，代表作有《你是人間四月天》和《九十九度中》等。此外，中共統治大陸以後，林徽因參與了美術方面的三件大事：第一是參與國徽設計；第二是改造傳統景泰藍；第三是參加天安門人民英雄紀念碑設計。

在林徽因的身上既有古典氣質、淑女氣質又漫溢著書香氣質，她妙語如珠，見解獨到，端莊秀麗，純淨而理性，秀潤的神采筆墨難以形容。甚至有人這樣讚美她：「再沒有比林徽因更完美的女性了！」摯友費正清曾由衷地誇獎林徽因與梁思成兩夫婦：「他們最具有深厚的雙重學養，因爲他們不但受過正統的中國古典文化教育，而且在歐洲和美國進行過深入的學習和廣泛的旅行，這使得他們得以在學貫中西的基礎上，形成自己的審美興趣和標準。」

林徽因的風華絕代，就如同雨後彩虹之美。然而她稀有珍貴的美好氣質離不開她所受到的教育，如果她不曾受過中西方的雙重高等教育，那麼也許她也和普通人一樣淹沒在人海之中，體現不出超然於衆人之上的綽約風姿了。

可見，一個人所受到的教育程度和文化水準的高低，在一定程度上影響了這個人的氣質。如果你接受了高等教育，個人氣質往往更多地表現出獨立、自信、活躍、合作、思維敏捷，能更好地融入社會、生活、工作中去。鄉村裡的孩子，與生俱來純樸、善良、天眞的氣質，如同山野裡的小花，清新自然美麗。然而，如果他們不能得到良好的教育，得不到知識，缺少文化修養，純樸就會變成狹隘，善良就會變成保守，天眞就會變成無知。

2. 學校教育影響氣質

人的一生，要經歷多年的學校教育，學校生活是人生的一個重要時期。學校教育經歷對一個人的氣質也會有所影響。

常言道：「有怎樣的校長，就有怎樣的學校；有怎樣的教師，就有怎樣的學生。」教師是學生心目中的重要人物，是學生學習的榜樣和楷模。所羅門教授說：「在個體人格發展方面，教師的影響僅次於父母。」而人格的發展包括了氣質的塑造和形成。

有一個笑話說：「小學的時候，學生們視老師的話為準則。記得一年級的時候，語文老師走進教師，他用手蘸了一口唾液，『嘩』的一聲打開課本，清了清喉嚨：『同學們，我們今天教第一課，請大家把書翻開。』我們一個個瞪大了眼睛望著老師，有的同學茫然地，也把手伸到嘴裡在舌頭上蘸一蘸，然後才翻書……」

如果教師的教學效果不好，就會提不起學生的學習興趣；如果教師責任心不強，隨便應付，就會挫傷學生學習的積極性；如果教師有偏見，學生得不到教師的幫助，最終也會失去對學習的熱情。有些教師過分嚴厲，對學生的某些缺點採取諷刺挖苦或簡單粗暴的方法，學生就容易產生逆反或恐懼的心理，久而久之，氣質就會趨於內向，變得小心而謹慎。

3. 專業影響氣質

你所選擇的專業，也在一定程度上影響你的氣質。

一年，某大學特別風行超短裙，女生們穿得一個比一個短，校方見了認為極不雅觀，欲貼出佈告嚴厲禁止。各系紛紛表明了自己對此事的觀點。

美術系寫道：維納斯證明適度的缺少，會更加美麗。

環保系寫道：難道地球變暖是假的?!

數學系寫道：因為允許1公尺長的正方形存在，所以0.3公尺長的正方形存在也是合理的。

歷史系寫道：貂蟬的美並不因呂布、關羽的不同眼光而改變。

法律系寫道：法律所禁止的應該只是原告由超短裙萌發的邪念，而非被告所穿的超短裙本身。

經貿系寫道：不管校方給所有男生推銷有色眼鏡，還是給所有女生推銷黑色長襪，我們都想入股。

生物系寫道：人與猩猩的根本區別不是裙子的長短，而是看見長裙與短裙能否做不同的想像。

體育系寫道：只有穿長褲的守門員，而沒有穿短褲的前鋒和後衛，這還能叫一支足球隊嗎？

政治系寫道：從長裙到短裙，再到超短裙，這恰恰是民主集中制最有力的體現。

公共關係系寫道：降低談判對手的目光，這正是我們四年寒窗苦讀所追求的。

當然這只是一則笑話，不過從笑話中可以體味到不同專業人所具有的該專業氣質體現。雖然這種影響並不絕對，但在點滴之中，你可以感受到它的存在。

性別因素對氣質的影響

1. 兩性原始氣質

幾年前有一部備受矚目的電影《鋼琴師和她的情人》，描寫了男女之間爲兩性原始氣質的吸引，而產生的性愛力量超過了理性力量。片中的女主角並非像人們臆測的那樣狂放不羈，而是一個靦腆的、有時甚至給人僵硬感的女人。她曾讓人感到她的內心被厚厚的盔甲包裹住了。然而正是這樣一個女人，卻在某天突然委身於一個外表粗獷、內心細膩、非常具有男性魅力的男人。通過肉體的交流，兩人產生肉欲上的強烈渴求，繼而產生熱烈的愛情，最終女主角離開了自己舉止優雅、性情柔和，卻注重面子和地位，並不甘於爲愛情犧牲一切的丈夫。

在性別的原始氣質已經越來越模糊不清的今天，你搞不清自己是否還存在，或者是否還有必要存在，所謂的男性氣質或女性氣質，不過無可否認的是，男女性別先天就存在著差異。

心理學對此做過研究——

(1)價值取向的差異。	男性：事業和地位	女性：家庭和關係
(2)言語的多寡。	男性：概略	女性：細節
(3)說話的準確性。	男性：直接	女性：間接
(4)愛意的表達。	男性：行動	女性：言語
(5)聚焦不同。	男性：事與物	女性：人
(6)期望不同。	男性：信任、接納 認可、鼓勵	女性：關懷、了解 認同、安慰

排除個人氣質類型和特徵，從宏觀的角度看待性別氣質，就會發現性別氣質的確有

著各自對應的特徵，男性和女性的這種性別氣質差異，有著不同生理基礎。

2. 男性氣質的生理基礎

男性氣質恰恰是以良好的性功能爲基礎的。

法國學者皮埃爾·布林迪厄在《男性統治》一書中，對男性氣質是這樣概括的：「男子氣概被理解爲生殖的、性欲的和社會的能力。」

法國著名的男科醫生西爾萬·米穆對男性氣質這樣論述，他認爲：「男性氣質是：富於進攻性，有控制力，強大的，高高在上的，自信的，獨立的，有冒險性的，有競爭性的，堅強的，健全的。男人是雄性，他必須加強、控制和征服世界。因此，他必須表現出高效和卓越，需要盡可能地表現出性能力和社會能力。男人應該是一個健壯的情人，一個令人放心的丈夫，一個家庭保護者，一個高效的工作者，一個會理財的家長。他應該有生育能力，應該是會教育兒子的父親和受人尊重的兒子。」

在男孩的整個發育過程中，經常會與女性產生對立，彷彿是爲了「做一個十足的男子漢」，其中包含著如何擺脫戀母情結，包含著自己被視爲女人的擔心，這種擔心和對立會隨著年齡發生變化，最終將同性戀視爲異常。

社會標準激勵著男人進行競爭，因此，他們很早就學會將生活視爲永久性挑戰，將世界視爲展示男性氣質的競技場，他們在這裡面臨著威脅。「在男孩子的等級世界裡，社會地位是最重要的，必須想方設法得到它、維持它。」因此男性氣質往往是與擁有、奪取、滲透、統治，和自我表現等行爲密切相關的，如果有必要，甚至不惜採用武力來實現。優秀標準實際上與男性標準是一致的：追求卓越、高效、拒絕懦弱，等等。

實際上，男性氣質是有其虛弱或脆弱性的。然而佔據社會主導的強有力的男性氣質要求男性必須跨越恐懼，克服內心的軟弱。即使在危險面前，他們也必須表現出男性的強硬態度來。對於男性來說，表示關心會顯得「婆媽」。「婆媽」的性格在傳統的社會中，被定義爲女性的基本性格特質之一。男性是不屑於表現這種性格的，因此男性往往採取了另外的方式，用一種嘲弄的口吻和玩笑的語調來表達。除了表示對同伴的關心外，還無形中誇大同伴的軟弱，淡化和轉移環境對男性產生的危險，從而突出和顯示自己的男性氣概。

而現實生活中由於許多個人因素、社會因素，比如：工作不順、提不起精神、地位和收入不穩定，甚至孩子成績不佳、妻子與自己母親發生糾紛等瑣事，都會使得男性憂心忡忡，精神緊張，征服、雄偉而健壯的男性氣質，也就會受到打擊。

3. 男性氣質的時尚定義

事實上男性氣質是多元化的，同時也應該是與時俱進和時代相融合的。通過以下10大世界頂級男裝品牌的設計風格，你可以看到社會對男性氣質的時尚定義，及價值取向的「外化」。而如果你希望塑造自己的男性魅力，或許可以從這些世界流行趨勢中得到一些啓發——

（一）Hugo Boss——中產階級標準典範

Hugo Boss在國際男裝市場上佔有舉足輕重的地位。這個崛起於二十世紀70年代的德國品牌，不論設計或形象都非常男性化，而且是那種不化妝，也不戴多餘的首飾，完全以強力放送陽剛氣質，傳達一種社會認同的男性氣質，是許多中高級主管心目中的標準典範。

（二）Ferre——不同凡響的精緻氣質

大方，對於線條的結構拿捏得恰如其分；西裝、襯衫、領帶甚至其他的配件，標榜正統帶復古的精緻氣質，顏色也較偏向原色系，特別是黑色、藍色，在一片前衛、新潮的豔色裡，反而流露出不同凡響的男性氣質。

（三）GUCCI——都市明星氣質

談到義大利名牌GUCCI，多數人的腦海中，不是浮現出G字的皮帶扣環，就是裝飾著馬銜鏈的優雅平底鞋，因爲看到這些象徵就知道是GUCCI的招牌商品。而前不久的發佈會上以亮皮招牌鞋不穿襪的嶄新造型，讓世界評論家發出驚歎。而且把招牌鞋上的馬銜鏈變細，令人感覺更有型，顯示出都市男性的明星氣質以及貴族氣質。

（四）Dolce & Gabbana——性感、叛逆的女性氣質化

充滿了明顯的女性化風格和一種紈袴子弟的浪蕩氣質。在善於表達性感、叛逆而有濃厚西西里民俗色彩的設計風格下，顯得非常有個性。人造皮毛、透明紗料、皮革、英國清教徒的飾品，都可能出現，還眞有點驚世駭俗的反叛氣質。

（五）COMME des GARCONS——親和氣質

COMME des GARCONS 川久保玲的男裝發佈會有個特色，就是模特兒常常是中生代知名的男演員，或是大膽起用高矮胖瘦不一的非專業模特兒。對於設計師而言，是讓演員們來詮釋服裝別有風格；對於觀衆而言，能看到名人走在伸展臺上，也能產生耳目一新的親和氣質。

（六）W & LT——藝術氣質

此品牌崛起於一九九一年秋冬季，其名稱是「狂野及致命的廢物」，表現出邊緣性的、另類藝術內涵的男性藝術氣質。

（七）PRADA——紳士風度

古典簡約又不失年輕化的氣質，像是60年代義大利拿波里造型的西裝，使用具有伸縮性的現代感素材，在復古中賦予新意，可說創造了流行的獨特風格。PRADA產品非常重視品質，講究傳統，塑造讓人感到舒適無比的紳士風度。

（八）Christian Dior——古典時尚氣質

幾乎和古典氣質劃上了等號。不過，不難發現在保有古典神韻的同時，也力圖表現新鮮創意。古典中透著幾許鄉野的幽默，加上現代感的剪裁和搭配，賦予新的流行感。

（九）Domma Karan——簡潔、敏銳的中性氣質

表現出輕便、美觀、舒適、簡潔、流暢的中性氣質，多層搭配組合，以性感的肢體爲設計訴求，表現出天生敏銳的特質，賦予男裝更細膩氣質，並打破了以往古板、沉悶的印象。

（十）Giorgio Armani——優雅的貴族氣質

強調「不著痕跡的優雅」，既不性感也不算惹眼，但卻在做工和布料質地上，展現一流品質和流行性。刪除不必要裝飾，強調舒適性和表現不繁複的優雅貴族氣質。重視時尚的人幾乎都有共同的想法，都市男人在一生中，至少得擁有一件Armani的西裝。是職場上非常得體而稱頭的義大利品牌。

4. 女性眼中的男性氣質

在閻紅的隨筆《男人如衣服》中，作者站在女性的視角品評現代男人的氣質，她對她的一個「極深刻，極聰明，還極善良，只是過分怪誕與放蕩不羈的朋友」說：「男人如衣服，有禮服型的，炫耀體面；有家居型的，舒適自知；就算是條大圍裙吧，也挺實用。而你這件『衣服』卻是實驗型的，拿聚乙烯做的，還盛著水，養著金魚，這樣的衣服，有其前衛性、參考性，令人深思，引人遐想，可有哪個女孩願意要這樣一件唯獨缺乏穿著性的衣服呢？」

這段話在評價男人的同時，也道出了女性自己的立場。就在男孩們正與洪水猛獸似的、帶有暴力意味的性衝動，進行肉搏戰的同時，少女們卻正將自己的夢想寄託於瓊瑤小說中所描繪的愛情故事中。

因此少年時代，女孩遠比男孩浪漫得多。而從少女蛻變成爲一個成熟的女人之後，浪漫已經演化成了現實，柔韌而堅強的女人懂得拋棄過去，她知道怎樣變化自己，讓自己富有魅力，把握住適合自己的一切。細細品味閻紅的這篇隨筆，對理解女性眼中的男性氣質不無啓發。

5. 男性眼中的女性氣質

在一次網上調查中，104位受過良好教育、有情感經歷、對欣賞女性有一定品位，有一定的經濟基礎和社會地位，處於不同的專業領域的男人，選擇了他們自己心中認為的氣質最出衆、最有魅力的十大女人類型——

（一）一個永遠長不大、胸無城府的快樂女孩

她自然、純真的天性影響著周圍的每一個人，她熱愛生活、無拘無束，隨心所欲又有些漫不經心。她討厭艱澀和故作深刻，要讓她執著、沉迷於某一件事實在是太難了。

（二）她是社交圈中的一道風景

她喜歡豪華、熱鬧的生活，以施展她社交明星的魅力。她無需去做深沉的思考，也從不理會生活以外的東西，她為她自己而沉醉。

（三）一個典型的知性女性

她外表質樸、自然、不事雕琢，內心浪漫，與世無爭，強調個性卻不張揚。只有能夠進入她內心的人，才能眞正了解她，也才能為她所欣賞。她的氣質和教養是她豐富內心的流露，也是與別人拉開距離的原因。

（四）理想的賢妻良母

她溫柔、內斂、善解人意，安靜、沉著、細膩，注重生活細節，熱愛兒童。家庭是她的人生樂趣。教養和良好的經濟條件，使她超越了瑣碎和庸俗，她從不羨慕男人和事業女性，只專心又平和地讀她的育兒圖書。

（五）她像一匹難以駕馭的野馬，奔放、瀟灑、熱烈

她讓你聯想起一切濃烈和快節奏的感受，她一向簡潔、痛快的作風，容不得半點糾纏。她的心太大也太高，於是凡俗瑣事便一概被她忽略掉了，但骨子裡的性感和精神上的細膩，卻揮抹不去。

（六）她是物質與精神的雙重貴族

她從不因爲物質的滿足而放棄精神的追求，相反是物質基礎使她更有實力建構自己的精神世界。她洞悉一切的成熟，使她在亦莊亦諧中遊刃有餘。

（七）一個如此理性的女人

她意志堅強，說一不二，喜歡把握局面，聰明而善用頭腦，很少感情用事，不會因衝動而鑄錯。她獨立而事業有成，她像男人一樣活著，卻懂得適度施展女性魅力。

（八）一個容易滿足的生活型女人

她對生活的要求並不太高，喜歡輕鬆、愉快、富足地活著，不願意壓力和波瀾。安於現狀和樂觀的天性使她能夠將青春延續。她單純而敏感，有較好的人緣。

（九）她是女人中的女人

她既古典又浪漫，充滿誘惑又不邪惡，美是她的理想。世俗生活離她那麼遙遠，彷彿她來到這個世界，只為做一個女人。

（十）一個富麗堂皇的女人

她的奢華與她的高貴一樣引人注目，最華麗的場合總是有她出盡風頭。她喜歡那種衆星捧月的感覺，她征服世界的方式是去征服男人。

年齡因素對氣質的影響

人的一生是從精子和卵子的結合開始的，從胎兒期的孕育到出生，經歷嬰兒期、兒童期、青春期、中年期、更年期，最後到達老年期。每一個年齡階段，都有其各自年齡階段的特點。

1. 嬰兒期到學齡期

兒童時期的早期經驗對將來有很大的影響，可以說，成為什麼樣的人在其兒童期已經基本成形。親子關係好的嬰兒，活躍、愉快、反應靈敏；而未能獲得良好親子關係的嬰兒長大後孤獨、羞澀、冷漠、不善於與人相處，這種情況下即使孩子的遺傳氣質，是開朗、活潑、熱情，也不可避免地變得孤僻、內向、冷淡。

三歲以後到正式入學可以稱爲幼兒期，這個時期是早期教育的重要時期。良好的親子關係對培養孩子的氣質有積極作用，已經開始在遊戲中培養社會交往的能力了，遊戲教會孩子要遵守遊戲規則。孩子喜歡扮演角色，好奇心特別重，常常會刨根問柢地提問爲什麼，且會積極地去觀察、思考和記憶。這個時期也是孩子最容易無理哭鬧的時期，所以這個時期父母的照顧教育對孩子的氣質有很大影響。因勢利導、積極鼓勵、耐心、不一味無條件的遷就，就能培養孩子勇敢、合作、積極的氣質。

進入學齡期，孩子的自我和社會意識增強。八歲開始孩子有了性別認識上的差異，十歲時已經有了集體榮譽感，並且初步形成了群體和集體的意識。孩子是否具有團隊合作的氣質特徵，在這個時期表現出來，比如形成小團體並出現領頭人，知道互相比較。這個時期，是孩子的氣質可塑性最大的時候，雖然已經初步形成了自己的脾氣，但心理不穩定，情緒波動大，缺乏自控能力，如果經常受到批評，就會容易用相同的態度去對待弱者，出現攻擊行爲。

2. 青春期

青春期，是人生的黃金時期，是逐步走向成熟的階段。在這一階段，孩子的氣質並不穩定，具有很強的氣質可塑性。

孩子的生活重點漸漸從家庭、父母轉移到朋友。在心理上渴望獨立，可是因爲欠缺經驗，內心深處常常會感到不安和恐懼。在這個時期孩子開始面對越來越多的選擇，矛盾和壓力越來越多。和父母長輩的「代溝」變得突出了，表現出很強的「逆反」心理。對父母和老師的教導勸說，全當作耳邊風，而且不分是非地一概反對，還經常強詞奪理，專門與人唱反調。而且對正面宣傳不認同、不信任地反向思考，對不好的傾向反而持認同情感，大喝其彩。

一位作家曾經說過這麼一句話：「蒸不爛煮不熟捶不扁炒不爆響噹噹，是青春。」作者沙湄曾經這樣描述年輕的新新人類：「我們年輕，但已知道的太多；我們世故，但有人情味；我們散漫，但非常敬業；我們也許膚淺，但絕不虛僞；我們是炮製黃色笑話的高手，但毫無惡意的邪念；我們得意揚揚，但缺少安全感；我們隨時可以出賣自己，也隨時準備感動。——我們活得無比眞實。」

青春時期人生目標的樹立，往往和現實存在很大差距，因此會引起自我意識的矛盾。懷疑自己，總感到自己什麼都不如別人，遇到挫折無所適從，茫然失措，失去了自我，也失去生命的存在感。青春的困惑在自卑的心理煎熬下難以找到自己人生的目標。而此時剛剛開始自己的職業生活，往往因爲不了解自己的氣質特點，而盲目的追求高薪或熱門流行的職業機會，卻因爲不適合而找不準自己的定位。

因此在這個時期，更應該從各個方面揚長避短，有意地塑造自己的氣質優勢，比如塑造敢爲人先、堅忍不拔的領袖氣質，爲自己開創成功的事業和美好的人生打下堅實的基礎。

3. 中年期

孔子說：「三十而立，四十而不惑，五十而知天命，六十而耳順。」中年期是人一生當中年富力強、心理最成熟的階段。這一階段往往到了事業的高峰，但同時壓力也最大，肩負著社會和家庭的重任。

中年時期已經形成穩定的氣質和心理素質。年輕的時候思維敏捷、行動快捷、興奮性高，因此會表現出積極、熱情、急躁等行爲特徵；年老的時候，神經系統興奮性功能減弱而抑制功能增強。受到人生閱歷和經驗的影響，中年時期氣質會趨向沉著、穩重、老練等特點。

這個時期也是最容易感到身心疲勞的年齡，由於社會、家庭和事業的長期壓力，總感到自己活得很累，期盼有方法能幫助解脫，但現實的壓力只能自己來承擔，對解決自己的壓力有時顯得無能爲力。這種心理的疲勞通過軀體的症狀表現出來，比如早晨起床後，渾身無力，四肢沉重，心情不佳。工作學習提不起精神，工作效率低下。神經過敏，稍遇不順心的事便大動肝火。經常感到頭暈、頭痛、腰酸背痛、腹脹、睏倦，但又不易入睡等。

壓力和疲憊影響氣質，而氣質也反過來強化這種壓力和疲憊，嚴重的影響家庭生活和事業。要量力而行、勞逸結合、豁達樂觀，以冷靜的態度去面對和接受已經發生的事實，對於生活中的大事小事，順其自然，保持一顆平常心。壓力不可避免，要以堅強的意志和信心，提高對挫折的忍受能力。

4. 老年期

進入老年期，「夕陽無限好，只是近黃昏」。人到老年比較容易產生消極的情緒和情感，被冷落感、孤獨感、憂鬱感、老朽感襲上心頭。「一生心事只求閑，求得閒來鬢已斑。更要破除閑耳目，要聽流水要看山。」看似安然的輕鬆其實是無奈的惶惑。然而既然人生最終要揮手告別，何不讓自己走得從容。老年期，讓自己在充滿祥和與寧靜的宗教氣質中回歸宇宙，把每一個平淡的日子過得飽滿。

5. 不同年齡段的職業氣質分析與建議

從一個人的職業生涯的劃分，可以看出年齡帶來的氣質差異和不同狀況，我們將每10年作爲一個階段，即20～30歲爲一個階段，30～40歲爲一個階段，依次類推。

（一）20歲：事業發展的起點

年齡段：20～30歲。

氣質特徵積極面：獨立、自信，精力充沛。

氣質特徵消極面：初入社會，處於艱難的適應期，懷疑、浮躁、善變、衝動。

建議：理性地思考和選擇，不要因爲自己的情緒影響了決策。

（二）30歲：人生的分水嶺

年齡段：30～40歲。

氣質特徵積極面：心態穩定、有信心，年富力強，積累了一定能力和經驗，工作已駕輕就熟。

氣質特徵消極面：常爲尋找自己的位置而變換工作和苦惱，對年輕一輩的追趕開始產生危機感，緊張、壓力增大。

建議：要體面地過下去就要不時充電。

（三）40歲：成熟與無奈之間

年齡段：40多歲。

氣質特徵積極面：成熟穩重、世故老道。

氣質特徵消極面：來自家庭和工作的壓力變大，在工作中感到從未有過的寂寞，擔心被淘汰，力求安穩，變得保守。

建議：適應角色轉換，保持活力和激情。

儀表因素對氣質的影響

氣質看似無形，實爲有形。它通過一個人對待生活的態度、個性特徵、言行舉止等表現出來。氣質「外化」在一個人的儀容儀表中，比如你舉手投足的姿態，待人接物的風度，以及你的服飾裝扮等。

1. 儀容儀表洩漏氣質的祕密

西方許多心理分析家認爲：一個職員在「吃」方面的行爲舉止，甚至他的口味愛好，都暗示著這個人的性格和氣質，以及對待工作的態度。「原本以爲他是一名穩重成熟的管理人員，但當我看到他辦公桌上，攤開的幾袋吃了一半的零食時，我立刻開始考慮適合這個崗位的其他人選了。」

31歲的朱莉是某跨國集團企業的人事總監，做事一向謹慎的她卻在上個星期把一個剛剛坐上市場部主管位置的年輕人「炒」出了公司。「我的理由有兩個：第一，零食不應該帶進辦公室；第二，一個愛在辦公室吃零食的男人，給我的印象是辦事猶豫拖拉，立場不堅定，這樣的人不適合在一個代表公司形象的部門工作。當然，如果這件事出現在產品設計部或是創意部，我會假裝沒看見，過後提醒一下就夠了，但在市場部，這樣的細節絕對不能原諒。」可見，一個人的儀容儀表在一點一滴地展現主人的氣質，偷偷地洩漏了他的祕密。

談到儀表，人們自然而然地想到服飾和打扮。一個人的外貌天生而就，是很難改變的，但通過用心的打扮、修飾卻可以使自己的氣質大爲增色。由於人的性格愛好不同，所處的環境也各有差異，因此穿著也各有所好。作爲一個職業人或一個即將走上職業生涯的人，始終不要忘記，你的著裝打扮，你的外表形象是要爲推銷自己而服務。

2. 儀表塑造的職業氣質

工作以外的時間，你盡可把自己打扮得純情、浪漫、不羈或者性感。但是，一旦走進辦公室，你的整個人，包括你的衣著、妝容以及攜帶的物品，就已經成爲公司形象的一部分。無論是接電話時的禮貌，還是衣飾妝容的細節，一點一滴都在傳遞著公司的訊息，代表著公司的形象。因而，此時此地的服飾妝容，早已超越了其本身於個人的意義，而化爲工作道具的一部分。

如果你是銀行的職員，你的著裝一定要塑造你穩重大方、精幹俐落的氣質特徵，從而可以給客戶留下一個良好的第一印象，讓他把8位數的存款放心地交到你手上；如果你就職於化妝品公司，那你的妝容一定要讓你具有時尚的、明星般的氣質，讓人一眼就被你的產品折服；如果你是廣告公司搞創意的職員，那麼你的著裝可根據你的想像力盡情發揮，把自己打扮得前衛而個性，表現出創意人的獨特氣質。總之，一句話，你塑造的氣質，一定要與公司的風格融爲一體。

一位有30多年銷售和做市場經驗的英國教授，總是以這樣的一個事例作爲他的開場白：有位商人有一批訂單，先去兩家公司考察。這兩家公司的實力、產品價格、品質、售後服務都不相上下，最後商人做出了選擇。有人問選擇的標準是什麼？商人回答：是司機的制服。

原來兩個公司都派了司機接送，其中一位司機的制服顯然已經很久沒洗了，連領口都發了黑；而另一位司機卻穿得乾淨筆挺。商人說：「如果連一個司機都知道時時保持整潔，那麼這個公司效率一定非常高，管理也一定非常好！」

整潔，代表著工作態度與工作效率；和諧，代表著工作品質與公司品位。一位身材挺拔的英國紳士，在上車後的第一件事就是脫下西服，小心地掛起。他說：「今天我要去拜見客戶，我不能讓我的衣服上有一點褶皺！」

一位在義大利公司就職的高級白領麗人在著裝、妝容上的經驗可供參考：忙亂的早晨，肚子可以空著，妝不可以不化；皮鞋永遠是亮的；口紅的顏色根據衣飾決定；香水的味道根據場合而定。比如與客戶開會時，應選擇自然輕淡的香型；將無袖上衣、涼鞋打入「冷宮」，因爲辦公室一年四季是恒溫的，因此，在辦公室裡，要永遠穿得像春天一樣舒適、悅目。

3. 穿出個性，樹立風格

灰色的套裝被公認爲最佳職業裝，但如果你把它奉爲眞理，那你就大錯特錯了。

供職於一家韓國旅遊公司的于小姐發現，自己的直接上司對橘黃色有強烈的愛好。於是，她有意識地配置了幾套橘黃色系的套裝，與其他深色套裝搭配穿著，果然贏得上司的欣賞，稱讚她氣質大方得體而不失品位。如果說公司的形象是相對穩定不變的，那麼上司的品位則顯得十分主觀，眞是千人千面，蘿蔔白菜，各有所愛。

因此，比起前兩個方面，這一點難度係數尤其高。並且，這項投資明顯帶有高風險高收益的特徵：一旦你投其所好，就會獲得意想不到的收益；而一旦情況有變，比如上司更換了，你的投資將迅速貶值。所以，細緻觀察、謹愼行動，是爲上策。

老闆永遠會首先注意到有個性、有風格的職員。供職於某外企的王小姐，在著裝上有一個明顯的特徵：她的套裝全部是深色系的，但她永遠繫上一條別緻的絲巾，春夏秋冬，幾無例外。在充斥著灰色、咖啡色、黑色的商業大樓裡，她的絲巾總能讓人眼前一亮。幾年下來，王小姐在公司樹立起自己的著裝風格，並得到上司及同事的肯定。

在佳麗雲集的辦公室裡穿出風格並非易事，它需要以下幾個因素的共同支持：與公司形象和諧統一，不讓上司、同事反感，與本人氣質相吻合。長時間保持一種風格，難是難了點，但一旦形成了自己的風格，好處也是數不清的：一來可以讓自己從芸芸衆生中「跳」出來，二來可以節省時間和金錢，不必挖空心思爲自己設計造型。

像靳羽西的「童花頭」、梁愛詩的中分髮髻，都是十幾年甚至幾十年不變的「老招牌」，既省時省力，又像註冊商標一樣，只此一家，是別人模仿不來的。如果做到了這一層次，你的著裝水準就爐火純青了。

地域文化因素對氣質的影響

1. 中西方不同氣質的根源

中國人認爲中庸氣質最爲實用，大多不願做出頭鳥，因爲害怕被第一個打下來。不過自己不做，不代表鼓勵別人也不做，最好是有人做了，我就不用做。

美國人追求財富，財富就是英雄，而且財富不問出身。而中國人郁離子在面對不道義的富貴時，微微一笑說：「孔子曾經講過這樣的話，富貴是人們所嚮往和追求的，但是如果不是用道義去追求富貴，就不能處在這種富貴中，這種富貴又有什麼意義呢？我不願意那樣去做。」中西方的巨大差異，造成了不同的氣質特徵，其根源是兩種不同文化所造成的。

中國文化信仰「天人合一」的哲學思想，追求「物我不二」的精神境界，人與自然交融和諧的詩情畫意。「孔孟之道」的「倫理精神」和「價值理性」世代相傳，雖然從某種程度上制約了科學技術的發展，但在文化發展方面卻取得了巨大成就，《詩經》、《史記》、唐詩、宋詞、元曲、京劇……中華文化博大精深，文明史源遠流長。

西方文化從蘇格拉底、柏拉圖開始，兩千多年來，衆多哲學家、思想家、科學家都在探索著智慧的奧祕。中西智慧的巨大差異，構成了兩個截然不同的發展方向與結果。中國的智慧以直覺思維爲主體，西方智慧以邏輯思維爲主體；中國的智慧以整體觀爲精髓，西方智慧以局部剖析爲經典；中國的智慧是一種模糊的、通達的觀念，西方智慧是精確的、標準的觀念；中國的智慧是建立在宇宙大尺度上的直觀理念，西方智慧是立足於人類小尺度上的理性概念。

2. 氣質中的地域烙印

在台灣，北部人南部人差異並不大，可你如果常進出大陸，你會發覺在幅員遼闊的土地上，長著各式各樣不同氣質的人們，以下僅以幾處有代表性的敘述爲例。

（一）北京人

北京是個什麼城市呢？那裡有作爲中國文化起源之一的北京山頂洞人文化，明清以來，它作爲皇城而成爲中國文化的中心，在近代，它艱難而緩慢地經歷向現代城市的過渡過程。它是皇城文化，但它又處於皇城鄉土文化向現代文化轉換過程中，所以它有某種皇城的鄉土性，所以北京人很牛氣但不洋氣。北京文化代表的是一種博大的、深厚的、精緻的中國鄉土文化。

（二）上海人

上海是一個按照西方模式建立起來的現代都市，它幾乎十分自然、毫不困難地和國際接軌，成爲「東方巴黎」。上海作爲一個現代國際大都會，幾乎成爲現代中國的一個象徵。上海人聰明、穩重，尊重文明，有一種迷人的風度，但是過於崇尚西方文化。上海人天生具有的精明氣質，也使上海人顯得不大方，缺少北京人的大氣。

（三）東北人

「東北人都是活雷鋒」，東北人在中國知名度很高，除了趙本山的貢獻，就是網上流行的這首歌了。東北領導人自己評價——「東北人愛做『大』事，要做就做大生意，開口幾十萬、上百萬，認爲小打小鬧丟面子。」所以改革開放這麼多年，小錢不愛賺，反而沒錢賺。闖世界對東北人來說並不是太難的，難的是不敢邁出第一步。東北人太認死理，怕受委屈也咽不下氣。

提起東北人，許多人的基本印象是：「打架很厲害，敢動刀子，敢下死手」。所以「千萬別惹東北人」。東北人愛說一句話，叫「我誰都不慣著」，意思就是——「別惹我，我誰都可以修理」，男人這樣講，女人也這樣講。因此東北人在外面總顯得厲害、不吃虧。

（四）河南人

河南人怎麼了？河南人被醜化了。河南人在外地人的眼中成了造假、欺騙、刁滑、無賴、土氣、講大話、欺上瞞下、當面說好話、背後下毒手的一群人，衆人唯恐避之不及。河南是中原文化的發祥地，醜化河南人不就是醜化中國人自己嗎？站在觀星台腳下遠眺，可以望見挺拔的嵩山，還有一所聞名世界的建築——嵩陽書院。中國歷史上曾經有兩個很有名的大人物在這裡講學，他們一個叫程顥，一個叫程頤。這兩個宋代的河南人經過精心研究，對孔子的理論進行了具體的闡釋，使它和人們的具體生活實踐相結合起來，從而最終進入人們的具體生活行爲和思想意識。

河南作家張宇曾經這樣說：「從形象上看，由於我們河南人向四處輸血，就像一個最初的懷春少女，先變成一個多情博愛的少婦，再變成一個無私奉獻的老媽媽一樣，等到她養育過無數的兒女們成人，也就耗盡了自己的全部精力，最後只留一口氣微笑著坐在家門前，永遠地等待著兒女們來看望她。但是，兒女們自有兒女們的生活，慢慢地就把她忘卻了。這難道不是我們河南人的形象的變化過程嗎？」

（五）西北人

不知是哪位詩人用一首詩寫出了西北人的靈魂：「比羊群更多的是石頭，南沙窪的石頭，帶走了我的童年，帶走了一些蛇與蜥蜴的靈魂」。「只要風起，沙浪比海浪更凶更猛，整個天空，都被它吞進口中。」「但當風過後，從岩石背後，探出了頭的，就是我們西北人。」

西北人豪爽，喜酒、量大。熟人串門，說不上幾句話，主人就會把酒拿出來，一邊聊天，一邊喝酒，還會猜起拳來。過年拜年，客人進門就是三杯酒，已經成了規矩。除了喝的時間長之外，就是猜著拳喝，按他們的話說，「乾」酒喝不下去。西北人的可愛之處就在於他們的粗獷、豪爽、率真，還有一點點「傻大憨」。他們熱情、憨直，同時又保留著樸實無華的謙虛與認真。

（六）四川人

四川最有名就是優閒和美女如雲。四川的平和與篤定，代表了這個地域人的氣質特徵。相對於其他很多地區，四川的富人比較不跋扈，四川的文人比較沒有幻覺。一個是物質上的，一個是精神上的，兩個制高點上的人群都還比較克制。那是因爲四川的市井氛圍和平民精神對之有所提醒，有所控制。這是一個分寸感很強的地區，什麼人也造次不到哪裡去。安靜、涼爽、滋潤、唯美、不易衝動，微微頹廢，一切都恰到好處。

（七）湖南人

近代文人湯增璧曾說：「湖南人士矜氣節而喜功名」。湖南人心氣特別高，喜歡冒尖出頭：繪畫有齊白石，編劇有田漢，作曲有譚盾，創作小說有丁玲、沈從文和韓少功，研究雜交水稻有袁隆平，唱民歌有李谷一和宋祖英，跳水有熊倪，體操有陸莉、劉璿和李小雙，舉重有占旭剛，打羽毛球有唐九紅和龔智超……這些傑出人物的事蹟，可謂有口皆碑，家喻戶曉。

蔡元培曾在《論湖南的人才》一文中寫道：「湖南人性質沉毅，守舊固然守得很凶，趨新也趨得很急。湖南人敢負責任。」誠然，在大批湖湘雄傑中，無論是守舊的（曾國藩、左宗棠、彭玉麟、胡林翼），維新的（魏源、郭嵩燾、譚嗣同），還是革命的（黃興、蔡鍔、宋教仁）都是世間不可多得的頂尖高手。

湖南人吃辣椒號稱「天下第一」，其「辣」字訣的極端表現是：辦大事快刀斬亂麻，作風極爲凌厲；對敵方心狠手辣，不留絲毫餘地。湖南人火辣的氣質特徵十分鮮明，歸納起來，其特點有：質樸務實、倔強、傲岸、堅忍執著、剛健、自信、好學、嫉惡如仇、鋤強扶弱、特立獨行、不怕死、不要命、敢爲天下先，捨得一身剮，敢把皇帝拉下馬。

（八）廣東人

粵菜作爲我國八大菜系之一，尤以選料之廣博而聞名。在粵菜中，飛禽走獸、山珍海味、野菜山花，無不可入餚，蛇、鼠、雀、蟲、狗、貓等，在其他菜系中令人瞠目結舌的選料，卻被奉爲席間珍品。「四隻腿的，除了板凳不吃，天上飛的，除了飛機不吃，廣東人沒有什麼不敢吃的」，如今廣東人食野生動物陋習受到一致譴責。

然而正是廣東人的這種無所不吃的性格，體現了其開放的心態。廣東人體現在飲食風格上的務實精神，是現代社會發展的必然結果。廣東人不尚虛名，講究實際，儒家文化對廣東的影響不深，中原傳統文化對它的影響不斷淡化，從而具有更大的自由度和容納力。相反，他們卻受到西方人的求實態度的薰陶。飲食製作的精細，與廣東人強調個人價值、追求享受的文化分不開。享受並不是片面地追求吃喝玩樂，它屬於一種道德的範疇，同禁欲主義相對應。廣東文化表現出享受主義的傾向，充滿了世俗享樂的人性和情調，表現在對舒適、快樂、美好生活的追求，以拼命地幹活，盡情地享受爲宗旨。

（九）福建人

「三分天注定，七分靠打拼」，「愛拼才會贏」，拼搏就是福建人的氣質。很多人選擇的方式，就是鋌而走險到國外尋找機會，這些義無反顧出洋謀生的福建人，冒著危險偷渡的理由往往是——「人拼了命也要爭這口氣！」、「人活一世，就得拼搏呀！要想人前顯貴，就得背後受罪！」

福建人喜歡稱自己家鄉爲「八閩大地」，雖然福建在全國範圍來看是個地域小省份，但福建人的足跡遍佈全球，海外福建人的比例非常之高。福建人到哪裡都抱成團，他們遵守契約、互助性強、有冒險精神、肯吃苦耐勞。福建地區漢人的先祖，許多是歷史上從黃河和長江流域因生活和戰亂所迫南遷的「客家」。他們憑著自身勇於開拓、吃苦耐勞的稟性，開發了相對落後的中國南疆，變他鄉爲故鄉。

職業因素對氣質的影響

《世說新語》中有個故事：魏王曹操欲接待匈奴使者，嫌自己矮小不夠威武，便命令手下人假扮「魏王」，自己則操刀站於一側。事後，曹操曾派人打聽北國使者的印象，結果對方回答：「魏王雅望非常，然床頭提刀人，此乃英雄也。」曹操的氣質，居然如此引人關注——即便扮作兵士，也掩蓋不住他那光彩照人的英雄氣！不過，作爲魏王的曹操因其「職業」——魏王——而氣質超然於衆人之上恐怕也是一個重要因素。

1. 《千手觀音》舞蹈塑造美麗的「觀音姐姐」

二〇〇五年的春節晚會上，《千手觀音》被認爲是春節晚會有史以來最成功最動人的一次演出。四個多小時的晚會進程中，人們的記憶定格於5分54秒的時段。由無聲世界裡的人們帶來的舞蹈《千手觀音》，引發的是5分54秒的全體屏息的安靜，以及此後長久的讚譽和驚歎。

《千手觀音》的美在於舞蹈表現了觀音的祥和、沉靜與大慈大悲的同時，又演繹出氣象萬千的景象。億萬觀衆由此記住了一個創造了至純之美的團隊——他們共有21人，12女9男，全都身在無聲的世界。領舞的是隊長——邰麗華，她的優美舞姿和嫻靜神情令人難忘，被輿論親切地稱爲「觀音姐姐」。

舞蹈——創造美的職業，塑造了邰麗華優美而祥和、堅韌而頑強的氣質。是舞蹈讓她找到了自信，舞蹈對於邰麗華來說，是「表達內心世界的美麗語言」。邰麗華始終認爲殘疾只是缺陷，卻不意味著不幸，正如她經常說的——「我會帶著一顆快樂、感恩的心，去面對人生的不圓滿。」

2. 氣質在職業角色中被潛移默化

他是一個理工科大學畢業的學生，進入了新聞界，而他的大學同學則大部分都從事著和專業有關的研究或技術或商業的工作。三年後他們再聚時，他發現了彼此因爲職業而產生的不同特徵。比如說，他是從事新聞的，因爲工作的關係，他經常需要和很多人打交道，因此他不會穿一般白領們的那種職業裝，也不會太馬虎。他穿的是帶點休閒特色卻並不太隨便的衣服，爲了走路方便，他的皮鞋跟絕不會超過三公分。而他的在學校裡繼續讀研究生的同學，則穿得很模糊，比如一件墨綠色的棉襖加上一件紫紅色的羊毛衫，下面是早已過時且因爲穿得太久而有些變形的條絨褲。他的從事經營活動的同學不會在同學聚會上也西裝筆挺，他們可能取下領帶或者穿一件不需要領帶的休閒西裝，也可能是一件質料好的羊毛衫加一件風衣，但既不會很古怪也不會很模糊，而皮鞋，則永遠是乾淨而光亮的。

當然，更多的差異表現在他們關心的話題、對待同一事物的角度和看法、說話時的詞語習慣和語氣上。不能說作爲大學同學，他們原本的氣質就是相同或類似的，但毫無疑問，進入工作階段後大家在這方面的變化，則更多地跟職業有關。而當你在一個職業領域深入之後，這樣的塑造不僅僅是形貌上的變化，更多地體現在你對事物的看法，和對同一件事情的視角和做法，以上種種綜合起來，就成了「氣質」、「風度」的差別。

可見職業影響著氣質的變化。再如：飛行員、賽車駕駛員、救火員、電站調度員、特警等，工作緊張、危險會培養一個人勇敢堅定、機智敏捷、耐受高度緊張的氣質。電腦操縱、雷達觀測員、醫生、精密儀器、財會等職業，會讓一個人的氣質變得注意力穩定、敏銳，謹慎、耐心。身處企業領導人的位置，會讓一個人形成權威、果斷、沉穩、堅韌、雷厲風行等氣質特徵。

人們通常是以職業來定位社會角色，在一個正在進入職業化的社會裡，職業比生活具有更具體也更準確的代表性。甚至可以這樣說，當一個人選定自己的職業時，他就選擇了自己的生活，選擇了自己要做一個怎樣的人，他的氣質在職業角色中被潛移默化地塑造和框定。

環境因素對氣質的影響

1. 環境的變化改變了一個人的氣質特性

雯雯是個性格開朗活潑的女孩，和曉彤是同桌，放學時她們總是結伴一起走，經常為了一個小小的笑話，一路笑回了家。三年級的時候，雯雯的父母為了讓她能受到更好的教育，讓她轉學到城裡的一所學校，因為離家遠不能天天回家，就讓她住在附近的親戚家裡。開始時雯雯和曉彤每隔一週還見上一面，互相交換學校裡的新聞，雯雯說起她的新同桌的故事，樂得像一朵花。漸漸的，她們疏遠了，有時曉彤看見雯雯高興地和她打招呼，她卻只是淡淡一笑，沒說什麼就走了。曉彤覺得雯雯變了，變得安靜不愛笑了。後來聽說，她和父母不常見面，她寄住的親戚對她不好，總讓她幹許多活，本來開朗的她，日漸變得憂鬱、沉靜起來。

曉彤一直在想，雯雯的父母為什麼要讓她小小年紀就離家在外，她原本是多麼活潑可愛的呀。可是，曉彤的父母觀點和她不同，他們說雯雯雖然不像以前那樣開朗了，但她同時也獨立了、堅強了，愛思考了。無疑，環境的變化改變了一個人的氣質特性。

2. 氣質總會有時代大環境的烙印

心理學家認爲環境對人的影響，不僅是環境變遷所造成的影響，也包括社會或環境中的各種壓力的影響，如大氣污染、噪音干擾、交通混亂、居住擁擠、人際關係緊張、社會動盪等，如果一個人長期處於緊張、焦慮、抑鬱、不安的狀態下，氣質也會變得緊張、焦慮、抑鬱，甚至產生某些心理障礙。

「＄一代」，是美國人對「未成年炒股者」的一種簡稱。媒體報導，年僅16歲的中學生蒂姆，最愛研究的書籍是《馳騁華爾街》。16歲那年，他以每股11美元買下了自己所熟悉的某音像公司的100股股票，並用自己假期打工掙來的錢開了一個證券交易帳戶。

兩年後，他以每股47美元的高價賣出了這些股票。蒂姆沒有用炒股賺來的錢去旅遊或買自己夢寐以求的車，而是又繼續買了股票。與父母那代人相比，他在投資理財方面花的經歷和時間要多得多。從蒂姆的經歷可以大致看出「＄一代」的基本特徵。而一個「乳臭未乾」的小年輕人所說的下面一段話，堪稱「＄一代」宣言。他說：「即使我輸得乾乾淨淨，我也只是生氣幾個星期，然後再度出擊，掙更多的錢，重新來一次。」

我們每一個人都處在一個大環境中，那就是時代。美國「＄一代」反映的是，這一時代環境中的年輕人的典型。而出生於上世紀60年代、70年代和80年代的人，屬於三個不同時代的人。不同的社會環境賦予了他們在其個人氣質之外的一種典型特性，應該說這是一種時代留下的烙印。不信，你就審視自己，看看自己是否被烙下了你那個時代的印？（編按：此節指的是大陸的情形）

（一）60年代生人

60年代是二十世紀的一個特殊時期，無論於中國於全世界，都是一個有著不可磨滅印記的年代。在西方，提起60年代，會回憶起「搖滾」、「垮掉的一代」等字眼；而在中國，60年代生人是過渡的一代，是一個在裂變板塊的邊緣中孕生的群落，他們有著特殊的成長經歷。60年代是理想主義者的年代，崇尚理想，崇尚激情生活，物質貧乏精神卻極度富有。人們堅強地生活，滿懷信念。如今，60年代生人已經成為一個城市擁有財富的主流人群，成為社會掌權的中堅階層，但他們同時又面臨著被替代的極大壓力。

（二）70年代生人

人們形容70年代出生的人是丟下《讀者》，拾起《銷售與市場》，面對書店裡滿架子的哈佛MBA發呆的一代。生於70年代的人常說自己是「最尷尬的」：好不容易考上大學，國家卻不包分配了，只好拿著「曾榮獲優秀學生幹部稱號」的簡歷四處亂竄；好一點的費盡周折進了黨政機關或企事業單位，卻發現在這個激情創業的時代，拿乾巴巴工資的工薪族，實在太可憐。70年代初的人，趕上了出國潮，搭上了網際網路熱浪；或者跟著民營企業的興起，混個經理人，甚至做醫生當教師賣保險也能發財。

最讓70年代生人得意的代表人物是首富丁磊。不僅僅是丁首富，盛大網路陳天橋，易趣網創始人邵亦波，國美老總黃光裕等，都生於70年代。有人說50年代的人發財靠關係，靠官倒；60年代發財的人靠出國，靠膽量；那麼70年代的人更多靠的是智慧和實力。他們的財富重心已經從冒險家向實業家轉移，他們善於行銷、樂於造勢，會利用資本市場融資圈地，有足夠的耐心從零開始。他們正逐步成爲職場人生中的中堅力量，開始在生意場上唱主角，並成爲中國市場經濟大潮的「白骨精」——白領、骨幹、精英。因爲敢於冒險，並善於做「賺錢生意」，特別是他們喜歡以這個年代人特有的思維，來衡量「值不值得」，所以，職業經理人中很多精英都是70年代生人，包括行銷總監、人力資源總監、財務總監、研發總監、物流總監等等各種總監。

（三）80年代生人

不少社會學者認爲，「80年代」正處於中國社會價值觀和行爲方式轉型期，在他們身上，存在過於自我、奢侈等氣質缺點，但他們富有創新精神。這一代人普遍是獨生子女，衣食無憂，進入社會後，他們臉龐看似成熟，內心和行爲能力卻仍未「斷乳」，依然離不開父母的呵護。向來自視不凡的「中心感」，導致他們缺乏合作意識和團隊精神，人際關係應對力和心理承受力相對薄弱。作爲市場經濟環境中長大的一代人，「80年代」更敢於挑戰權威和傳統理念。他們藐視主流規則的存在，建立屬於自己的獨特的話語體系，稱爲所謂的新新語言，對現行秩序構成了不小的挑戰。他們的生存方式和價值觀念，也對社會造成了強烈衝擊。

壓力因素對氣質的影響

臨床心理學的研究表明，心理壓力若長時期得不到緩解和消除，就會產生多方面的不良後果。首先是對身心健康的影響，如心臟病、冠心病、頭暈等，都與心理緊張和心理壓力有關；其次，心理壓力負擔過重所引起的各種不良心態，也會影響到人們的日常生活、工作和學習；最後，壓力在損害健康的同時，也造成劣勢的氣質。

1. 壓力自測

對於心理壓力的自我檢查，可根據日本大學醫學部公布的調查研究報告編製的一份診斷表來測試。這個診斷表列舉了30項自我診斷的症狀，如在這些症狀中，你出現了5

項，屬於輕微緊張型，只需多加留意，注意調適休息便可以恢復；如有11項至20項，則屬於嚴重緊張型，就有必要去看醫生了；倘若在21項以上，那麼就會出現適應障礙的問題，這就需要引起特別的注意。這30項自我診斷的項目是——

(1)經常患感冒，且不易治癒。
(2)常有手腳發冷的情形。
(3)手掌和腋下常出汗。
(4)突然出現呼吸困難的苦悶窒息感。
(5)時有心臟悸動現象。
(6)有胸痛情況發生。
(7)有頭重感或頭腦不清醒的昏沉感。
(8)眼睛很容易疲勞。
(9)有鼻塞現象。
(10)有頭暈眼花的情形發生。
(11)站立時有發暈的情形。
(12)有耳鳴的現象。
(13)口腔內有破裂或潰爛情形發生。

⒁經常喉痛。
⒂舌頭上出現白苔。
⒃面對自己喜歡吃的東西，卻毫無食欲。
⒄常覺得吃下的東西像沉積在胃裡。
⒅有腹部發脹、疼痛感覺，而且常下痢、便祕。
⒆肩部很容易堅硬酸痛。
⒇背部和腰經常疼痛。
(21)疲勞感不易解除。
(22)有體重減輕的現象。
(23)稍微做一點事就馬上感到很疲勞。
(24)早上經常有起不來的倦怠感。
(25)不能集中精力專心做事。
(26)睡眠不好。
(27)睡覺時經常做夢。
(28)在深夜突然醒來時不易繼續再睡著。
(29)與人交際應酬變得很不起勁。

(30)稍有一點不順心就會生氣，而且時有不安的情形發生。

2. 壓力來源於何方

西方醫學家和心理學家認爲，人的一生中總會遇到各種各樣的煩心事，其中令人感到心理壓力最大的有15件事，根據其影響力的強弱依次爲——

(1)配偶的死亡。

(2)離婚。

(3)家庭成員的死亡，尤其是親生兒女的夭折。

(4)嚴重受傷，特別是嚴重的意外事故導致身體不可彌補的創傷，如造成破相、殘廢，等等。

(5)結婚，尤其是新婚前後。

(6)失業和退休。

(7)懷孕和生孩子。

(8)職業的改變、變換工作單位。

(9)被迫抵押或喪失贖取權。

(10)孩子離家或分居。

⑾參與重大的比賽和競賽。
⑿開始上學或臨近畢業。
⒀與上司發生不和。
⒁搬遷新居。
⒂度假。

3. 壓力對氣質的負面影響

壓力造成攻擊性氣質和行爲。心理壓力引起心理障礙而導致的苦悶、煩躁、激動等情緒，產生歇斯底里、衝動等行爲，並且這種行爲往往會指向引起心理障礙的外在因素進行宣洩。攻擊可以分爲直接和間接的兩種行爲方式。

直接性攻擊是對造成心理挫折的因素表示不滿、敵意、對抗和反對。另一種是間接的或轉移性的攻擊，即當某人受到挫折時，他能意識到直接地表現出自己的憤怒和不滿，不僅會有損於自己在他人心目中的形象，而且對今後進一步去實現自己的預期目標將會造成不利的局面，因而就將內心的不滿朝著其他的方面發洩出來，或者指桑罵槐。

壓力使氣質傾向憂鬱。如產生自卑感、認同危機感、失落感、孤獨感、罪惡感、自責感、失望感等。這些方面的不良感受往往會使人抑鬱寡歡，並產生憂心忡忡、傷感、煩悶和愁苦的心態。壓力讓人焦慮。焦慮是指人內心的不安、恐懼、困擾和緊張的感受，有時還伴有生理上的不適，如心跳加速、肌肉緊張、呼吸急促、胸悶、淌汗、噁心、不思飲食、注意力渙散、尿頻、失眠等現象。心理壓力產生時，如果不做調適與疏導，就會產生不良反應。因此，當你感到煩躁、鬱悶、緊張時，不妨採取正當的宣洩法、運動法、旅遊法、傾訴法等進行疏導。

4. 減壓十法

一、學會放鬆：放鬆神經和肌肉，在內心構想美好的畫面。

二、陶冶性情：琴棋書畫、唱歌跳舞、集郵攝影等能陶冶情操。

三、著眼當前：集中精力做好當前的工作，不要花時間追憶過去。

四、堅持運動：生命在於運動，運動使人精力充沛，充滿活力。

五、盡情發洩：煩惱、憂慮不要積在心中，應設法及時宣洩。

六、勇擔責任：遇到困難不要退縮，不要逃避，知難而進，勇於戰勝它。

七、知足常樂：期望值不要過高，應量力而行，立足現實。

八、調換環境：因環境不適造成心理壓力過大，可及時更換一個新的環境。

九、休假旅遊：投入大自然可忘卻一切不愉快，有助於減輕心理壓力，使人身心愉悅。

十、學會幽默：幽默是精神健康的調節劑，只要學會幽默、懂得幽默，就能以良好的心境應付周圍的一切。

第三章

氣質全面影響人生

同樣出色，為什麼他獲得了升職

氣質的影響往往是相互的，你的家庭、教育、性別、年齡、儀表、你所處的地域和環境、你所受到的職業訓練，以及你的生活經歷都會影響你的氣質，而反過來你的氣質也會影響你的人生的方方面面。

當這種影響全面地滲透進你的生活，甚至給你的生活帶來了很大的阻礙和挫折時，你或許會在茫然困惑中問自己爲什麼會這樣，因爲你已經很努力；你或許會宿命地認爲自己的人生大概在冥冥之中早就安排好了，從此放棄努力。往往在這種時候，我們需要做到的是「隔岸觀火」，將自己抽身而出，像在觀看別人的故事，以客觀的態度、審視的目光，去觀察思考你的氣質在怎樣的影響著你的人生。

20多年前的流行歌曲裡，蝸牛對黃鸝鳥說：「等我爬上來，葡萄就熟了。」

20多年後的今天，人們什麼也等不及，因爲：「等我爬上來，葡萄早爛了！」

在這種浮躁的心理下，的確有人爲了升職而不擇手段。升職在公平競爭的前提下，有其技巧在裡頭。有時候能力、機遇、耐心、良好的職業道德、平穩的心態，都能成爲升職的理由。但是當這一切都具備了，你還是苦苦等不到升職，你困惑了。爲什麼同樣出色，升職的卻總是別人？

郭亮和方士杰都是光明正大憑實力和努力工作的人。他們倆同一天進的公司，又被分到了同一個部門。工作一年後，他們倆業績相當，都幹得很出色。到年底聘任之前，全公司都在傳，說兩個人都要「升官」。他們也都做好了準備，連下一年度的工作計畫都提早做好了。可是，「官」位只有一個，結果方士杰成了部門主管，郭亮成了方士杰的助手。郭亮心裡不服，衝動之下差點辭了職。但經過仔細的觀察和分析，並虛心請教同事，郭亮終於找到了他和方士杰的差距所在，竟然是他根本沒有意識到也想不到的：方士杰贏在氣質。

1、他有領袖氣質，果斷，敢於承擔責任。公司的制度很嚴格，大家各司其職。可有一次客戶很突然地提了一個要求，而要滿足這個要求必須經過部門經理的批准，由於當時聯繫不到經理，大家都很著急，郭亮更是不斷地給經理打電話，因爲大家都知道如果不能及時滿足客戶要求，有可能就會丟失這個客戶，就意味著公司將蒙受損失。但是誰也不敢擅作主張，這年頭工作難找，誰敢拿自己的飯碗開玩笑？

矛盾之中，方士杰做了決定，先滿足客戶要求再說，有什麼後果他來承擔。而在他的領導下，大家有條不紊地工作滿足了客戶的要求。這件事最後得到了公司的認可，雖然方士杰因爲擅作主張還是受到了批評，可他的領導氣質給大家留下了深刻的印象。

2、他有明星氣質，熱情、充滿活力。方士杰熱情、充滿活力、主動積極、有衝勁，踏實的同時又富有激情。在團隊活動中，他總是率先站出來，大大方方地表演節目。方士杰並不帥，沒有明星般出衆的外表，但他敢於表現自我，出語不凡，有時候遇到同事生日，他還會製造一些意外的小驚喜，比如買來一束鮮花製造氣氛什麼的。

不過，他所做的這一切，並不讓人反感，因爲他很自然不造作，不譁衆取寵，總之在他身上具有一種明星般的影響力。甚至如果活動中缺少了他，同事們就會覺得缺少了氣氛，這點是相對保守沉默的郭亮，所不具備的。

3、他大膽表達見解，控制情緒恰到好處。方士杰好惡分明，不優柔寡斷，能針對主題，不在乎周圍人的看法，大膽地表達自己的見解。郭亮發現他的見解分寸把握得很好，以說明問題爲主，不帶情緒性，即使遇到阻礙也不易衝動，所以他很受老闆欣賞。而同樣是敢於表達意見，郭亮發現自己有時遇到阻力會比較急躁，直率地發表完意見，往往傷了不少人。企業需要敢於表達不同意見的人，這樣才能爲企業注入新的活力，給企業經營方向開闊思路，但同時又需要講究方式方法，有效率地解決問題。

4、他具有紳士氣質，善於傾聽，細心體貼。方士杰總是能做到輕鬆愉快地與人交談，和諧地與人相處，因此廣結良緣，和公司客戶也能保持良好的合作關係。女同事們說他很有紳士氣質，一同出去辦業務，他總是先讓女士出門，並體貼地爲女士拉開車門。一起用餐，他會把別人喜愛吃的菜挪到離那個人近的位置。和他聊天，談論事情，他總是聽的時候多。合作精神是團體領導者的先決條件，方士杰恰好具備了這個條件。

同樣學歷，為什麼他贏得了工作

小盧和阿強同住一個宿舍，睡上下鋪。小盧儀表堂堂、熱情開朗，阿強安靜內向、略帶羞澀。他倆都是學生會的幹部，除了脾氣不同，彼此學識相當，能力不分高下。

大學畢業前夕，他倆共同獲得了一個大型企業的面試機會。然而這次面試，機會的大門卻只向阿強敞開了，他最終獲得了這個企業的工作機會。小盧感到困惑不解，他認爲自己表現得挺出色。那麼，是誰偷走了他的工作？

答案就在氣質優勢的發揮上。阿強在面試前，做了充分的準備和分析。他認爲自己氣質內向，更要樹立堅定必勝的信念，在面試中自然、充分地發揮自身的氣質優勢，使自身的「氣質閃光點」發揮到極致。

在這次面試中，他做到了如下三點：

第一點，沉穩老到、邏輯性強。內向者平時都有善於思考的性格習慣，因此，在接受面試時，他充分展露自己遇事不慌、沉著穩重的特點和氣質，回答問題時重點突出、層次清楚，用強烈的邏輯性、哲理性語言進行表達，進而使主考官折服。

第二點，內秀不膚淺、富有情感。許多內向者表面沉默寡言，其實內功深厚、思維縝密，內心世界的情感非常豐富，阿強正是如此。在面試時，他發揮自身氣質特點，努力把握主考官提問時的意圖走向，把自己博學的才氣恰當地運用到答辯之中；把對人的誠摯和對報考單位的興趣，恰如其分地融入到答語之中去。這樣，自然容易博得主考官的好感和共鳴。

第三點，展示堅韌、表現敬業。一般的用人單位都喜歡意志堅韌、善於吃苦、敬業愛崗的人。小強正像不少內向的求職者一樣，在內向的人生經歷中培養了自己堅韌、勤奮和事業心強的優秀品性。因此，在面試時，阿強針對主考官的提問，恰到好處地運用自己堅忍不拔、善於吃苦的事例去打動主考官。在回答時，他把握了語言環境和火候，儘量簡潔明瞭、態度中肯。比如，當主考官問道：「我們公司的工作很辛苦，你能勝任嗎？」或者「請你談談你的優點」等話題時，他都回答得恰到好處。

相比之下，小盧雖然展現出他的積極熱情和進取心，但卻失於浮躁和輕率，並沒有充分發揮出他作爲外向氣質所具有的閃光優勢點，反而因求職心切，對一些關鍵問題沒有把握住火候，因此錯失了這次難得的機會。

一般來說面試的內容包括了以下幾點：儀表、風度、氣質、知識的廣度、深度、實踐經驗與專業特長、工作態度與責任感、求職動機、進取心、反應與應變能力、分析與概括能力、興趣愛好與活力、自我控制與情緒穩定性、口頭表達能力、待人接物方式。像其他許多事情一樣，面試要取得成功也依靠某種恰當的方法和技巧。你不可能在短時間內使自己脫胎換骨，但你完全可能在短時間內給予別人不同的印象。

1、精心準備。面試的第一個重要原則就是精心策劃和準備。針對面試中可能提到的問題，首先設計好內容，適當進行一些個人或類比演練，內容的設計一定要精彩。

2、自信、從容。自信是做好一切事情的基本素質。有些求職者不自信是因爲太追求完美的表現，怕面試時出現偏題、怪題使自己失分。

這完全沒有必要。因爲從本質上講，考生不是和面試官交鋒，而是和其他考生交鋒，你沒有必要在面試現場征服面試官，而只要在面試官心中建立對其他考生的比較優勢就行了。

要從容、放鬆。如果不能放鬆自己，心裡很緊張的話，就很難有高超的自我表現。機智和才幹只能在放鬆、從容的前提下，才能正常發揮出來。放鬆自己，不但是更好地回答面試官問題的需要，而且面試中的氣質或印象分，在你沒有開口說話之前，就開始形成，並影響面試官給你的最終分數。

3、果決、幹練。面試的問題涉及面很寬，有些問題回答不好是很自然的事。所以，不要試圖成功回答所有的提問，面試官也不指望你能回答好所有問題。對於一些不太好回答的問題，重要的不是看你回答問題的內容，而是你的反應，你分析問題、解決問題的方式、方法。

對不太容易回答的問題，可以有幾秒鐘的思考，但思考時間不可太長，面試官希望你有比較快的反應。這時你要根據提問，給出一個明確的是或否的回答，然後再論證自己的觀點。

很多問題是沒有標準答案的，這時說理清晰，表達流暢，觀點明確，分析透徹就能獲得高分。面試得高分的關鍵很多時候，不在於回答問題的內容，而在於你如何回答。

4、眞實、坦誠。任何一個面試單位對職業人的道德都有要求。因此，在面試中，考查求職者背景的眞實性，及求職者爲人是眞誠還是虛假，是十分重要的一個環節。面試的現場往往就是考場。嘈雜的應聘現場，滿地的廢紙屑，被很多的應聘者踩來踩去，熟視無睹——這也許就是考題……

所有這些，看似和應聘無關，看似和你的學識無關，看似和你的談吐無關，看似和你的漂亮無關，但是，那些都是用人單位實實在在地面試你！

從這個方面來說，面試是不需要僞裝的，是不需要《面試心經》的教條來教化的。只要表現你的本色即可。但是這個「本色」卻是你的氣質修煉的結晶，機遇不會虧待任何一位曾經為修煉付出辛勤汗水的人！

同樣美麗，為什麼他選擇的是她

小倩和小玲同時認識了小林，而且她倆都喜歡上了他。小倩被譽爲辦公室裡的「萬人迷」，漂亮性感，身材傲人。小玲皮膚白淨、眉清目秀，容貌也算端莊，但和小倩比起來，自然就顯得不那麼迷人了。所以，小倩信心十足，男人追她都來不及呢，何況她主動暗送秋波？當然手到擒來。然而事情的發展讓人大跌眼鏡，愛情的丘比特神箭似乎拐了個彎，繞過小倩直奔小玲而去。難道小林不愛漂亮性感、不在乎外表？

小林當然是通過暗自的觀察和比較，然後做出了決定。小倩輸在哪兒呢？問題的關鍵就在於小倩一心強調美貌，卻忽略了氣質。小玲在朋友圈中的口碑很好，爲人處世不急不躁。她的微笑非常的迷人，讓人如沐春風。她自信從容，舉止文雅，談吐不俗。

一位淑女不只是外表的端莊和柔美，更是內心的通達和淡定。小玲知道從對方的角度出發考慮問題，又懂得把握時機、適可而止。如果男人說他不在乎女人的外表，只在乎內在美，那他一定是在撒謊！

不過，如果男人只是逢場作戲的話，或許就會只要美貌。畢竟美貌對於男人來說，是構成愛情的第一要件。但如果他認眞了，那麼只有美貌就絕對只是第二個選項了。

氣質奠定你的性格基礎

在閱讀了三個現實生活的例子之後，從本節開始，你將系統地讀到氣質對人生全方位的影響作用。先從氣質對性格的影響談起吧！

唐高宗李治害了一場病，終日頭昏，有時候連眼睛都張不開。他本來就懦弱無能，看武則天能幹，又懂文墨，索性把朝政大事都交給她處理。

武則天權力在握，漸漸不把高宗放在眼裡。高宗想幹什麼都得經過武則天的同意才行，高宗心裡氣惱，就跟宰相上官儀商量。

上官儀本來就反對武則天掌權，於是乘機建議高宗把武則天的皇后廢了。高宗是個沒主意的人，就同意了，讓上官儀起草廢詔，卻被旁邊的太監報告了武則天。

武則天怒氣沖沖地前來興師問罪，高宗見了武則天，嚇壞了，把詔書急忙藏進袖子裡，結結巴巴地說：「我本來沒這個意思，都是上官儀教我幹的。」武則天立刻把上官儀殺了。從此武則天垂簾聽政，當時人並稱武則天和唐高宗爲「二聖」。

西元六九〇年，武則天登則天樓，大赦天下，改國號爲周，自稱聖神皇帝。中國歷史上誕生了第一位女皇帝。

唐高宗內向、優柔寡斷的氣質，奠定了他軟弱無能的性格，而性格決定了命運，他恐怕也不會想到李家的江山會從他的手中，讓位給了武則天吧！弱肉強食是動物世界的本能，而現實社會則要求人不斷完善、充實，和提高自己。

每個人都按照自己氣質的動力色彩渲染著性格特徵，不同氣質使同種性格特徵有了不同色彩。例如，同樣是助人爲樂的性格，膽汁質的人表現出見義勇爲、慷慨解囊；多血質的人表現出主動、熱情關懷和體貼；黏液質的人則表現爲暗中相助不去宣揚；抑鬱質的人表現爲深切同情、盡力而爲。這說明氣質影響性格的表現方式。

氣質還可以影響性格形成的難易。膽汁質的人容易形成勇敢、果斷、剛毅的性格特徵；多血質的人容易形成機智、開朗、熱情的性格特徵；抑鬱質的人容易形成認真、謹慎、懦弱的性格特徵。反之，膽汁質的人不容易形成認真、謹慎的性格特徵，抑鬱質的人，也不容易形成機智、開朗、熱情的性格特徵。

因此，你的氣質特徵會形成你的某些積極或消極的性格，因爲氣質是性格賴以形成的原始材料，它參與你的性格形成。另外，氣質的某些特徵一旦爲自己的經驗所補充、所鞏固，它們往往成爲與性格難以區分的特徵。想要改變性格中的缺點，就要從改造你的氣質開始。

有一個非常出名的且流傳很廣的故事，或許會帶給你啓發。龜兔賽跑是人人皆知的故事，驕傲的兔子因爲自滿在樹下呼呼大睡，而穩重的烏龜不急不躁、踏踏實實、堅持不懈地贏得了勝利。

話說兔子輸了比賽很不服氣，所以又找烏龜要進行第二次比賽，烏龜欣然同意了，不過烏龜提出來：「這一次我們不賽跑，我們比賽上樓梯看誰先到樓頂誰就贏了。」兔子笑道：「這一次我一定會贏你！」兔子一陣風似的跳上了樓梯。當牠到了第二層樓時看見烏龜還沒爬上第一級臺階呢！可是這一次牠吸取了教訓認認眞眞地繼續往上爬，當牠氣喘吁吁地爬上樓頂，呼了口氣正要慶祝自己的勝利時，卻發現烏龜已經站在了牠的面前，一副神閒氣定的樣子對牠說：「你又輸了！」兔子萬分不解，烏龜指了指牠身後的電梯說：「我是坐它上來的呀！」兔子驚詫之下，表示不服說：「這不公平！」烏龜微笑著說：「並沒有規定一定要自己爬上來啊，決定勝負的標準是誰先到達樓頂，而我先到了。」

其實這個故事想要告訴你的不是兔子的驕傲、盲目自大和小聰明，也不是烏龜的屢次創造奇蹟。這個故事想要告訴你，當你了解到自己的缺陷，就要揚長避短，善於改變，讓自己處於主動的位置，成爲生活的主人。

如果你的氣質就像那熱情、好勝、浮躁、衝動的兔子，那麼希望你變得冷靜、理智、睿智；如果你的氣質偏向穩重、踏實、堅韌、成熟的烏龜，你不會總是那麼智慧，也許好運也不會總眷顧你，你應該開朗一些，熱情一些，果斷一些，表現出你的進取心和鬥志，你總不能指望兔子每次比賽，不是睡覺就是犯傻吧？

氣質影響你的健康

1. 氣質與疾病有直接關聯

洪飛是個急脾氣，他走路疾步如飛，喜歡用手勢說話，甚至敲桌子跺腳，還愛瞪眼睛，經常橫眉豎眼的。他總覺得時間不夠用，把自己的工作日程安排得滿滿的。經常一邊幹這件事，一邊又想著做那件事。手下做事他總不放心，事事都想自己幹。見手下做得慢或做不好，就心急如焚。他喜歡與人比高低，四十好幾了就是同小孩子一起玩，也只能贏不能輸。

公司組織團體玩活動，他總是缺乏興趣，不是推辭，就是咳聲歎氣地參加，大家都說他不知享受生活。去年公司組織體檢，洪頭被檢查出冠心病。醫生說，由於他言行節奏快、性急、易動肝火，爭強好勝，總迫使自己處於緊張狀態，是最易誘發心臟病的群體。在病理檢查時發現，這種氣質特徵的人，血清膽固醇、甘油三脂酸的濃度高；毛細血管內的紅細胞流動緩慢，易於凝聚；激動和緊迫感使血漿中的去甲腎上腺素增多，心跳加快，血管收縮反應激烈，所以易於造成血栓、促發心絞痛，和心肌梗塞。

據調查，洪飛這種氣質行爲模式者患心臟病的比例高達98%以上，如果你也是這種氣質類型，就要小心了，必須有意識地、自覺地即時改造自己的氣質（脾氣），才有益於健康。

《紅樓夢》中的林黛玉是典型的抑鬱質氣質，「兩彎似蹙非蹙柳煙眉，一雙似喜非喜含情目，態生兩靨之愁，嬌襲一身之病。淚光點點，嬌喘微微。閒靜時如姣花照水，行動處似弱柳扶風，心較比干多一竅，病如西子勝三分。」她的美總體上來說是帶有一點病態的讓人憐惜、讓人心疼的美。而這和她嬌弱多病的身體狀況是分不開的。她「秉絕代姿容，具稀世俊美」，最後卻淒涼地死於肺結核，雖然這和封建家族吃人的禮教有極大淵源，但據調查，詩人多愁善感的氣質，最易使他們患上這種病。

你經常壓抑憤怒的情緒，易激怒，有好高騖遠嗎？那麼你要警惕高血壓病；你心胸狹窄、抑鬱、帶有強迫性、順從嗎？你會比其他人更容易得結腸炎；你經常壓抑自己的情感、有依賴性和挫折感，或者雄心勃勃、非常有魄力嗎？要小心，你容易得潰瘍病；如果你固執、好勝、嫉妒、謹小慎微、追求盡善盡美，偏頭痛會時常發生；如果你習慣自我克制、情緒壓抑、多思善愁，將有很大機率患上癌症。

2. 氣質也會影響人們的心理健康

氣質不僅影響一個人的身體健康，同樣也影響一個人的心理健康。

謹小慎微、敏感多疑、拘謹呆板、墨守成規、優柔寡斷、心胸狹隘、顧慮重重、苛求自己、責任心重、好抽象思維的特徵，容易引發強迫性神經症。

張經理是個多疑謹慎的人，他做什麼事總是顧慮重重，思前想後的。一般人也會在鎖門之後，產生懷疑自己有沒有上鎖的現象，但經過確認就會解開疑惑。而張經理的這種情況比較嚴重，明明確認車門已經上鎖，他還是要反覆幾次檢查是否上鎖了。

有一次情況特別嚴重，他檢查了好幾次車門確定已經上鎖了，可等他進了辦公室又開始懷疑自己，最後他終於克制不住自己的懷疑，派他的下屬下樓去停車場檢查他的車門是否已經上鎖。這已經是強迫性神經症的初步徵兆了。而富於暗示性、情緒多變、容易激動、耽於幻想、自我中心、愛表現、喜歡矯揉造作、希望得到同情、富於同情心，容易引發癔症，也就是俗稱的「鬼上身」。

麗麗是個愛幻想的女孩，容易受到別人的暗示而影響自己的情緒。有一次，她和幾個朋友去吃飯，飯後其中的一個朋友說自己感到劇烈腹痛、噁心、手腳麻木，隨後出現昏迷的症狀，很快的，她覺得自己也出現了同樣的症狀，並且昏迷過去。醫院檢查的結果是服用四季豆中毒。在治療了兩三天後，她和朋友痊癒出院了。可就在這件事過去了一週後，一天下午麗麗突然昏迷過去，而且昏迷現象越來越嚴重，有時一天能昏迷十多次，可是經過各種檢查包括神經系統檢查，都表明麗麗並不存在生理疾病。

原因何在呢？經過心理醫生的診斷，麗麗患的是心理疾病癔症（歇斯底里）。麗麗從小家庭不幸，父親生病，靠母親一人維持生活，母親的脾氣變得非常暴躁，父親則從來不見一個笑臉，最終在抑鬱中去世。所以麗麗從小非常壓抑，躲在自我中心的小天地裡，靠幻想來發洩自己的情緒。

這次四季豆的中毒事件引發了她的癔症，她在受到朋友中毒的暗示之後，出現了自己中毒的症狀，並始終沒能從中解脫出來，所以出現了反覆昏迷的症狀。孤僻離群、多疑敏感、情感內向、膽小怯懦、淡漠冷酷等，多見於精神分裂症患者。

如果你發現自己符合以上所描寫的特徵，你一定要注意了。請記住，健康在於你自己的把握，你完全可以及時調整自己的氣質，並從氣質表現中覺察到健康狀況的變化，不要等到疾病纏身時才後悔莫及。

氣質影響你對環境的適應

1. 不同氣質的人對環境的適應方式也不同

心理學家曾經做過一個小測試，安排四種典型氣質類型的人到劇院去看戲，當他們到了劇院門口，卻被檢票員告知要比票上的時間推遲15分鐘才能進去。這時，心理學家觀察到膽汁質的人非常氣憤，和檢票員發生爭執，並想硬闖進場去；多血質的人對檢票員表示理解，但隨後找了個沒檢票的入口進去看戲；黏液質的人也表示理解，同時自我安慰，剛開場的總是不太精彩，先去買點吃的休息一會兒，等幕間休息時再進去看也不遲；抑鬱質的人則十分沮喪，本來就有點後悔不該來看，現在則想自己運氣不好，如果看下去還不知會有什麼麻煩，索性掉頭打道回府。

主管小陳是個很有才華的人，他很有能力，做事非常認眞嚴謹。因爲他自己認眞，同時也不允許別人馬虎。他最不能容忍的就是出錯。有一次，他讓同事小余去開張發票，將金額抬頭都交代得清清楚楚的，可是小余還是不小心把日期開錯了。儘管小余馬上表示道歉並重開了一張，小陳還是非常生氣，當著辦公室那麼多人的面批評了小余一通，小余氣得臉都發白了。其實小陳平時不是個脾氣暴躁的人，相反，他挺內向謹愼的。但是他的那股認眞勁，有時令周圍的人有點難以接受。這往往導致他缺乏平等的待人態度，因此很難與人溝通。

從上面的事例不難看出，不同氣質類型的人對環境的適應是不同的。一般說來，多血質的人，能以機智靈活的方式適應環境。黏液質的人能克己忍耐，也易於適應環境。而膽汁質的人遇到挫折不夠冷靜，易激怒、衝動暴躁，甚至導致攻擊性行爲，並因此產生不良的後果。抑鬱質的人敏感脆弱，容易受傷害，受挫折，更加孤僻、怯懦，也不易於適應環境。

2. 更深層次的意義

氣質對環境的影響還有更深層次的意義，那就是對「個人空間」的侵犯或尊重。

人是群居的社會性動物，也是具有獨立人格的個體。人不僅在心理上獨立，而且也具有環境上的獨立性。

心理學家赫蒂格在一次動物研究中發現，當動物彼此接觸或待在一起時，每一個動物往往都有一定的空間範圍，這種看不見的空間範圍是該動物所擁有的不想被同屬的另外一些動物所侵犯的空間。人類學家愛德華發現，人類也有這種特點，他稱為「個人空間」。在社會互動中，人們總嘗試在可獲得安慰與避免危險兩者之間，維持一個可接受的平衡。

而氣質不同的人往往容易打破這個平衡，謹慎內向的人對個人空間的守護過於保守小心，他們往往不容許別人侵犯他們的「領土」，過於親近對他們來說已經構成了一種潛在威脅。而具有愛表現氣質的人，總是竭盡全力地讓別人注意自己，努力使自己成為人們的焦點，往往就侵犯了別人的「個人空間」。

他們看問題很少考慮對方的立場，只要符合自己心意的，就想當然地認爲也一定符合別人的心意。由於他們自以爲是的侵犯，造成了周圍環境對他們的不歡迎，而他們還不自知，所以會屢遭失敗。

個人空間是不容侵犯的。比如在圖書館看書，如果你被一個陌生人打擾，你會很不高興並滿懷戒意。然而被一個你認識的人侵犯呢？你雖然很不樂意，但又無可奈何的要應付。一個開朗活潑、粗心大意的人，就常常在不經意之間，侵犯了他人的個人空間。他會隨心所欲地打電話而不看時間，他會突然的拜訪而不看情形，他會當著衆人的面叫人小名而不看場合。這種行爲侵犯了「個人空間」，是一種不能很好適應環境的表現。或者相反因過於謹慎小心而緊鎖個人空間，也是一種不能很好地適應環境的表現。

對於自己和他人「個人空間」尺度的把握，是適應環境的成功準則，而這同你的氣質是息息相關的。

氣質影響你的活動效率

氣質對實踐活動的效率有明顯的影響，膽汁質和多血質的人，在做某些要求迅速靈活進行反應的工作時，效率就比黏液質和抑鬱質的人高，而在做要求耐心細緻單調專一的工作時，多血質和膽汁質的人就難以適應，其效率不如黏液質和抑鬱質的人。

社會動機涉及你的社會心理和社會行爲的動力問題。動機的「特徵」也可以稱爲「品質」，即你的氣質。例如，你注意事項的廣度區別，在同一瞬間你能把握多少個項目？還有涉及注意的轉移，你注意到一件事物，由於情況變化，你是否會轉向另一個注意目標？

如果你是個很快就會受影響而轉移注意力的人，你的活動效率自然就要比別人更低。又比如，在思考時，你的準確性、敏捷性、清晰度高不高？清晰度的高低表明了你在意識程度上的高低，凡事「預則立，不預則廢」，對於想幹的事如果你的主觀意識上不能夠想得清清楚楚，幹起來就會缺乏成效，效率低下。而通常氣質的差異會影響你思考問題的清晰度，一個黏液質的人相較膽汁質的人思考時邏輯更爲清晰，更富於理性。但膽汁質人思維的敏捷性要高於黏液質。在做某個項目或某件事時，你的意志的果斷性、堅韌性如何？

氣質的差異，將會影響你的社會動機的強度。比如，你很想減肥，但在減肥的過程中你受到了阻礙，因爲你不喜歡節食，那麼你是就此甘休，還是繼續堅持？還是堅持一陣又放棄？還是堅持到底，不實現減肥不甘休？通常膽汁質的人果斷性高，而黏液質的人堅韌性強。如果你不能改變自己的氣質特徵的缺陷所在，那麼你的活動效率中產生的問題，將永遠受你的氣質缺陷所支配。

氣質影響你的婚姻

婚姻是一個十分複雜而又神祕的二人結構，現實生活中的夫妻之道，並沒有一個理想的標準，但是傷害夫妻情感和婚姻關係有時與個人氣質存在很大關係。我們已經了解不同氣質類型的人結合而成的婚姻狀況，有很大的差異性，氣質是影響婚姻幸福的內在因素。往往相愛的兩個人，並沒有意識到彼此雙方氣質的差別會影響了婚姻生活，因此他們會把婚姻的挫折視爲愛情的消退。

1. 婚姻中氣質的矛盾與吸引

因愛而結成婚姻是人們追求的理想。但是由愛情而結合的婚姻又怎麼會失敗？這是一個難以解答的問題。有的夫妻一天吵到晚，彼此之間沒一句好話，但卻白頭偕老；而有些模範夫妻，羨煞旁人，卻突然分手，叫人完全摸不著頭腦。有一項研究發現，從夫妻的氣質表情即可斷定婚姻的長久。

據稱，最傷害婚姻關係的氣質表情有三種：一是鄙夷，二是悲傷，三是冷漠。

如果夫妻二人有如此表情，則婚姻必不持久。長期活在這三種表情的壓力下，不但會帶來精神問題，同時會招致心脈加速、免疫系統失效。

這和美國華盛頓大學的心理學家約翰・戈特曼的研究不謀而合。戈特曼教授從實驗中得出了許多出乎意料的結論。例如，他發現憤怒不是婚姻中最具破壞力的因素，因爲無論是幸福美滿還是關係惡劣的夫妻，都難免拌嘴吵架。在他看來，眞正的「惡魔」是刻薄的指責、鄙視、詭辯，以及溝通障礙。夫妻之間權利的不平等分配，對婚姻也有致命傷害。實驗表明，大多數妻子傾向於接受丈夫的影響。

例如，一個具有黏液質和抑鬱質混合氣質的丈夫，往往對妻子要求嚴厲，容不得半點錯誤的發生。而在這種時候，刻薄的指責就成了常事，久而久之就會導致婚姻關係的破裂。反應敏捷、聰慧過人的妻子，常常不滿自己反應遲鈍、行動緩慢的丈夫，在反覆出現溝通障礙的同時，婚姻的烏雲就已經悄悄襲來。倘若一方不再相讓，後果則是可想而知的。

婚姻要門當戶對才容易長相廝守。所謂門當戶對不是指財富地位，而是指教養、興趣、修養、性格、文化、言語方式等，都要相近才可以，而歸結在一起就是氣質是否相匹配，否則，結局是悲哀的。古有「伯牙鼓琴，鍾期聽之。」這樣才能和應，才能擦出愛情火花，說到底是一種思想文化上的相互認同和相互交融。只有在這種基礎上，才能將婚姻擴展到彼此雙方的家庭和社會背景。

一個動若脫兔，一個靜若處子；一個愛看書和思考，一個則放聲大唱卡拉ＯＫ，不打架才怪。不是說沒文化的人就沒氣質。

本書開篇即強調氣質是中性的，氣質不代表尊貴和高雅。文人雅士可以互相詩詞酬唱，販夫走卒也可手牽手上街買菜，他們一樣可以擁有他們的氣質。《冬天的童話》的作者遇羅錦和丈夫坐在山崗上看日落，紅霞滿天，映照著秋日的楓林。多浪漫的美景。遇羅錦正詩興勃發，她身邊的丈夫（他是個農民、很愛她的好人）此時卻提出話題：「今晚買什麼菜？哪裡的菜價便宜？」這個就是氣質的矛盾。最後他們還是分手了。

氣質的確可以影響婚姻一生一世。最好還是平時頻頻拂拭心中的明鏡，莫使惹塵埃！婚姻關係應該是一種友好的競賽，彼此在氣質、志趣、愛好，及性生活等方面能夠長久地吸引對方，靠的不應該是傳統婚姻關係中的戒律，而應該是新型婚姻關係中的自由。這種自由並非無政府主義，而是基於文化和愛情之上的自覺自願的個人自律，並且，在這種自律的背後，每個婚姻伴侶首先應該努力成爲充滿個性魅力的唯一。

2. 氣質與婚姻的十三種組合

據有關人士調查統計，氣質與婚姻的關係大致有如下13種組合。請對照以下組合，細心觀察，看看你的家庭關係大致是否如此。這裡僅以典型氣質類型組合爲例——

一、「黏液質」夫「黏液質」妻。夫妻兩人都非常保守謹慎，但是在與左鄰右舍送往迎來等對外的場合，做妻子的則會一手承擔下來，在感情上他們很少有糾紛，是一對很適合的夫妻搭配。

二、「黏液質」夫「多血質」妻。外表上看來是做太太的這一方比較顯眼，而內在方面，事實上是由做丈夫的緊握著操縱的韁繩，由於太墨守成規，反而容易變成畏畏縮縮的傾向。

三、「黏液質」夫「膽汁質」妻。老實又規矩的丈夫，很容易被奔放的妻子牽著鼻子走，尤其是妻子做出了破壞丈夫顏面的事時，這些事就會永遠成爲他們兩人之間，無法抹煞的芥蒂。

四、「黏液質」夫「抑鬱質」妻。妻子常向丈夫撒嬌，丈夫是強者，所以對於妻子的那些出人意料的行動會有充裕的心情去欣賞。丈夫很容易自陷於現實環境，妻子就是他生命的興奮劑。

五、「多血質」夫「多血質」妻。這是一對如出一轍的頑固而又過於剛直的夫妻，這種夫妻結婚後不久，就會爲了壓抑對方而持續地戰鬥下去，不過不管如何，最後通常變成妻主導型的情況。

六、「多血質」夫「黏液質」妻。猛然一見，這是一對男人掌權的夫妻型，但是事實上扶植丈夫站立起來的，正是這位黏液質的妻子。多血質的丈夫，在不知不覺中為妻子而努力奮鬥。

七、「多血質」夫「膽汁質」妻。穩重的丈夫和急躁的妻子。總之，男人有男人的氣概，女人有女人的樣子，但是如果做丈夫的對妻子壓制得太過分，彼此之間的關係就會發生裂痕。

八、「多血質」夫「抑鬱質」妻。這是一對感情上沒有任何接點的夫妻，是遲鈍的丈夫和敏感的妻子的組合，最要緊的是彼此要能相互容納對方，而不要相互挑剔。

九、「膽汁質」夫「膽汁質」妻。這是一對隨心所欲、無所憂慮的快樂夫妻，有時候會因為沒有事先計劃好而導致失敗，所以，做妻子的一方似乎必須要多費一點心思，來節制某些行動才是。

十、「膽汁質」夫「黏液質」妻。做妻子的很容易被擅長講道理的丈夫耍得團團轉，做丈夫的全然不去理會愛遵守世俗常規和稍有點虛榮心的妻子，所以有事沒事，兩人之間很容易發生爭執。

十一、「膽汁質」夫「多血質」妻。通常是妻子掌權的夫妻配對，很具有現實性的妻子並不受喜歡耍嘴皮子的「膽汁質」丈夫之哄騙。最好妻子不要太欺壓丈夫，免得讓家裡的男主人，變得畏首畏尾的。

十二、「膽汁質」夫「抑鬱質」妻。這是一對充滿著個性和創造性的夫妻，他們絕不會被世俗的那些常規和形式所限制，掌握主導權的是妻子，也有很多把興趣用到工作上而獲得成功的妻子。

十三、「抑鬱質」夫「抑鬱質」妻。這是旁人很難理解的夫妻配對，他們總覺得彼此都是自己最合適的另一半。必須要特別注意的是由於彼此太親密了，反而使兩人之間的關係，變得窒礙難通。

氣質影響你的社交

個人成功不代表眞正的成功，圓滿人生還須追求人際關係的成功。社交是個人不可避免須終身面對的大課題。人際關係的挫折不是如此單純，它帶來的痛苦往往十分劇烈，令人無所遁形。

如今，各種標榜速效的人際關係成功術盛行一時，只可惜強調表面工夫，只能治標，不能治本。人際關係的得失其實取決於更深一層的因素。你是否眞的了解，由於你的氣質，造成了在社交方面的缺憾，甚至爲你的人生帶來了意想不到的嚴重危害。

1. 你是否善於傾聽

「傾聽」，也許是社交成功應該具備的至關重要的素質。

「傾聽」往往被認爲是「聽見」，這是一種危險的誤解，會導致——「有效的傾聽是一種與生俱來的本能」的錯誤看法。結果，人們很少致力於學習發展傾聽技巧，不知不覺地就忽略了這一重要的交流功能。平均而言，作爲聽者，人們只有35％的效率。有效傾聽的缺乏往往導致錯失良機，產生誤解、衝突和拙劣的決策，或者因問題沒有及時發現而導致危機。

有效的傾聽是可以通過學習而獲得的技巧。認識自己的傾聽行爲將有助於你成爲一名高效率的傾聽者。按照影響傾聽效率的行爲特徵，傾聽可以分爲三種層次。一個人從層次一成爲層次三傾聽者的過程，就是其溝通能力、交流效率不斷提高的過程。

層次一：在這個層次上，聽者完全沒有注意說話人所說的話，假裝在聽其實卻在考慮其他毫無關聯的事情，或內心想著辯駁。他更感興趣的不是聽，而是說。這種層次上的傾聽，導致的是關係的破裂、衝突的出現，和拙劣決策的制定。

層次二：人際溝通實現的關鍵是對字詞意義的理解。在第二層次上，聽者主要傾聽所說的字詞和內容，但很多時候，還是錯過了講話者通過語調、身體姿勢、手勢、臉部表情和眼神所表達的意思。這將導致誤解、錯誤的舉動、時間的浪費和對消極情感的忽略。另外，因爲聽者是通過點頭同意來表示正在傾聽，而不用詢問澄清問題，所以說話人可能誤以爲所說的話，被完全聽懂理解了。

層次三：處於這一層次的人表現出一個優秀傾聽者的特徵。這種傾聽者在說話者的資訊中，尋找感興趣的部分，他們認爲這是獲取新的有用資訊的契機。高效率的傾聽者清楚自己的個人喜好和態度，能夠更好地避免對說話者做出武斷的評價，或是受過激言語的影響。好的傾聽者不急於做出判斷，而是感同身受對方的情感。他們能夠設身處地看待事物，詢問而不是辯解某種形式。

下面這個測試，請根據你的實踐活動回答：

A：一貫；

B：多數情況下有；

C：偶爾；

D：幾乎從來沒有。

題目	A	B	C	D
1. 力求聽對方講話的實質而不是它的字面意義。				
2. 以全身的姿勢表達你在入神地聽對方的說話。				
3. 別人講話時不急於插話，不打斷對方的話。				
4. 不會一邊聽對方說話，一邊考慮自己的事。				
5. 做到聽批評意見時不會激動，而且會耐心地聽人家把話說完。				
6. 即使對別人的話不感興趣，你也耐心地聽人家把話說完。				
7. 不因為對說話者有偏見而拒絕聽他說話。				
8. 即使對方地位低，也要對他持稱讚態度，認真地聽他講話。				
9. 因某事而情緒激動或心情不好時，避免把自己的情緒發洩在他人身上。				
10. 聽不懂對方所說的意思時，利用有反射地聽的方法來核實他的意思。				
11. 利用套用法證明你正確地理解對方的思想。				
12. 利用無反射地聽的方法，鼓勵對方表達出他自己的思想。				
13. 利用歸納法重述對方的思想，以免曲解或漏掉對方所傳達的信息。				
14. 避免只聽你想聽的部分，注意對方的全部思想。				
15. 以適當的姿勢鼓勵對方把心裡話都說出來。				
16. 與對方保持適當的目光接觸。				
17. 即使只聽對方的口頭信息，也注意對方所表達的情感。				
18. 與人交談時會選用最合適的位置，使對方感到舒適放鬆。				
19. 能觀察出對方的言語和心理是否一致。				
20. 注意對方的非口頭語所表達的意思。				

如果你選擇的答案以A爲主，你的傾聽能力很優秀；如果以B爲主，你的傾聽能力一般，你需要加強；如果以C爲主，則你的傾聽能力較差，你需要調整；如果以D爲主，表示你的傾聽能力很差，你需要儘快學習。

2. 你是否會表達？

你表達的清晰度，對你的社交談判成功與否起著決定性的作用。

以一種編排目錄的方法可以判斷自己表達的清晰程度。想一想你最近進行的無效果的私人或專業談判，也就是說，你沒有實現你最初的願望。腦子裡裝著那個談判，填寫下面的調查表。請回答「是」或「不是」，如果是，是什麼？

1．在談判前你就有一個清楚的結果嗎？（　）

2．你要說的做了計畫了嗎？（　）

3．特別清楚地闡述你的意圖了嗎？（　）

4．在談判中，你是始終堅持原來的觀點、還是放棄了原來的觀點？（　）

5．你的表達方式與你期望的結果是否一致？（　）

6．這個意外的結果和你期望中的有何不同？（　）

7．你還可能有別的做法嗎？（　）

你有回答「不是」的題目嗎？那些回答「不是」的地方需要進一步改進。

3. 你是否摒棄成見、求同存異

社交失敗的一個重要原因是，從來不懂得站在對方的立場看問題。

創建了著名的日本松下電器公司的經營之神，松下幸之助先生，總結出一條重要的人生經驗——站在對方立場看問題。

人與人之間，總會存在許多分歧，你總是希望能縮短與對方溝通的時間，提高會談的效率，但由於雙方的不同意見、說不到一塊而浪費掉大量的時間。問題是你真的考慮過對方的需求嗎？

有一天，愛默生和他的兒子想把一頭小牛趕入牛棚，但他們犯了一個錯誤，他們用了他們想用的方式：愛默生在後面推，他兒子在前面拉。而小牛蹬緊了雙腿，頑固地不肯離開原地，因爲這不是牠想要的方式。

愛默生家的女僕看到了他們的困境，她想到了小牛要的：她把她的拇指放入小牛的口中，讓小牛吮吸著她的手指，輕輕地就把牠引入了牛棚。

關於爲人處世，亨利．福特說過一句至理名言：「如果成功有祕訣，那就是了解對方的觀點，並從他的角度和你的角度來看事情。」這就是令社交關係百戰不殆的奧妙：

摒棄成見和對方求同存異。

4. 你能夠爲人際關係的感情帳戶存款嗎

（一）存儲溫暖

溫暖的感覺是社交氣質中最主要的特質。我們喜歡讓人感到溫暖及友善的人。你是否能在社交關係中給予人溫暖的感覺，影響了你社交的深度和廣度。你是否溫和大方、彬彬有禮、講究禮貌？你是否能細心體察對方情緒？你是否能夠巧妙化解矛盾？你是否擁有陽光般的笑容？你是否願意主動爲他人服務？你是否記得見過一次面的朋友的稱呼？你是否吝嗇誇獎別人？你是否善於創造話題？你是否懂得適可而止、不追根問柢？你是否寬容對待別人的失誤？你是否能以你輕鬆自在的幽默氣質調節氣氛？

……如果你的回答都是肯定的，那麼，無疑你爲你的人際關係感情帳戶，存儲了大量的溫暖，你總會定期收到對方支付給你的同等溫暖的利息。

（二）存儲相似感

人們喜歡和自己相似的人來往，以獲得心理的平衡和安全。因此你需要時時聆聽你的社交圈，爲你的社交帳戶存儲相似感。通過日常的溝通，發現彼此的價值觀、道德觀、政治觀靠得越來越近。你了解對方的所思所想，了解對方的喜好與厭惡，在溝通之時自然就更加容易，因為你們的共同話語和互換情感，使你們相互更加放鬆，進入自然交往的狀態。人們討厭別人占自己的便宜，也討厭沾別人的光，所以此時你們給予對方的某些滿足，已經不存在交易的感覺，而是摯友交流。這就是存儲相似感的有益之處。

（三）存儲親近感

常言說人不拒熟客，時時走動才能有效地保持親密的人際關係。你應該常常拜訪你的社交圈，沒有理由創造理由也要拜訪。為的是給你的社交帳戶定期存儲親近感。距離造成生疏，生疏導致遺忘，遺忘意味失去。

有時，一個電話就能拉近天涯海角，解決所有的問題，只要你時時定期溝通，這種親近感就在時時增值。直到有一天，你需要從中支取一筆「費用」來解決你遇到的難題，才能順利地從你的社交帳戶中領取到急難救助款。倘若裡頭空空如也，你又從何處去找這筆救急的「款」？因此存儲親近感是你的日常功課，同定期儲蓄是一個道理。

氣質影響你的事業

機會不待你，失去了就難再來。如果你對自己缺乏自信，甘於平庸，你就注定只能過平庸的生活。也許，你充滿了鬥志，渴望進取，但卻沒有意識到你的氣質缺陷拽住了你的胳膊，擋住了你前進的步伐，使你的事業一再受挫，而你卻對此一無所知。我們在這裡舉出影響事業成功的最基本的三大氣質特徵：進取、果斷、堅韌。

並且我們要特別提出：行動力。

因爲只有行動，夢想才會成爲現實。沒有行動，一切都不存在意義。

1. 進取

卡耐基說過：「有兩種人絕不會成大器，一種是除非別人非要他做，否則絕不主動做事的人；另一種則是即使別人要他做，也做不好事情的人。那些不需要別人催促，就會主動去做應做的事，而且不會半途而廢的人，必將成功。」

審察你的氣質特徵，看看自己是否具有強烈的個人進取心。一般來說多血質的人表現出比較強烈的進取心，但卻缺乏堅強的意志力。黏液質的人把自己的進取心隱藏在沉默的外表下，默默地追求著，但當機會來臨時，他們又遲疑了，現在改變眞的對嗎？他們缺少的是果斷。抑鬱質的人通常較爲缺乏進取心，他會對自己說：人的最終結局都一樣，努力有什麼用？個人進取心，是實現目標不可缺少的要素，它使你進步，並給你帶來機會。一個沒有進取心的人是沒有未來的人。

測試你的進取心：

1．你想達到一個目的，這個目的是分層次的，你會選擇

A．最低層次　B．較低層次　C．適中層次　D．較高層次　E．最高層次

2．當幾件工作擺在你面前，需要你從中選擇一個時，你會選擇

A．最容易的　B．較容易的　C．中等難度的　D．比較難的　E．最難的

3．你每天開始工作總是先從方法上入手

A．完全不是這樣　B．經常不這樣　C．偶爾會　D．經常這樣　E．完全這樣

4．你有強烈的好奇心，做什麼事都想占上風

A．完全不是　B．大多時候不是　C．不知道　D．經常是　E．完全是

5．你對成功的渴望程度是

A．根本沒有這種念頭　B．偶爾才有這種念頭　C．挺想的　D．渴望

E．非常渴望

6．面對失敗，你堅信失敗是成功之母，並努力東山再起？

A．完全不是　B．大多時候不是　C．不知道　D．經常是這樣

E．完全是這樣

7．你一直在全力投身於為實現目標而做的行動中

A．完全不是　B．偶爾是　C．不知道　D．經常是　E．完全是

8．你對自己嚴格要求，從不肯落伍

A．完全不是　B．偶爾是　C．不知道　D．經常是　E．完全是

9．你不達到目的，就不應該停止努力

A．完全不同意　B．比較不同意　C．不知道　D．比較同意　E．完全同意

10．你覺得興趣是事業的第一驅動力，事實上你的體驗正是這樣

A．完全不符合　B．偶爾符合　C．不知道　D．比較符合　E．完全符合

【說明】A．1分　B．2分　C．3分　D．4分　E．5分

40～50分，進取心很強：說明你有很強的事業心。你把事業看做是你生命中不可缺少的一部分。你願意爲它付出你所有的精力。你能堅持到底，不達目的誓不甘休。你渴望成功，也努力去爭取。對成功的強烈欲望經常會使你產生焦慮和不安。

25～39分，進取心適中：說明你有較強的事業心。你對你的工作很認眞，雖然你覺得事業並不是人生的全部，但你依然把主要精力放在上面。你也希望成功，所以你勤勤懇懇，不敢馬虎。你的工作能力不錯，只是尙有提高的潛力。

10～24分，進取心較低：說明你基本沒有事業心。你給自己定的目標並不遠大，要求也不高。你往往害怕競爭，你擔心失敗，喜歡過一種穩定的、優閒的生活。但目標太

低會阻礙你自身才華的發揮，如果追求低目標，則往往什麼也得不到。

2. 果斷

果斷是領袖氣質必備的特徵之一。勇敢、果斷、有組織性、有首創精神的人，可以從不同氣質類型的人群中培養出來，當然有培養難易的差別。比如膽汁質比抑鬱質培養起來就容易多了。果斷不同於盲目的亂下結論，我們日常行爲中應表現果斷、堅決的品質，「當斷不斷，必受其亂。」特別是面對衆多的抉擇，不可長時地徘徊、猶豫。

果斷來源於信心，果斷還要求我們有很高的判斷力。在缺乏正確判斷的情況下，果斷只能是不負責任的妄下結論。果斷的反面即是拖延，拖延是每一個人都必須征服的公敵。一份分析百名富豪的報告顯示，這其中每一個人都有迅速下決心的習慣。

卡耐基告訴我們：累積財富失敗的人毫無例外，遇事遲疑不決、猶豫再三，就算是終於下了決心了，也是推三阻四拖泥帶水，一點也不乾脆俐落，而且又習慣於朝令夕改，一日數變。爲什麼我總下不了決心呢？我耳根子軟？我對自己沒信心？萬一錯了怎麼辦？我可擔不起這個責任。美國總統林肯決心發表其著名的《解放黑奴宣言》，賦予美國黑人自由。在發表之初，林肯完全了解，此舉將使得成千上萬原先支持他的朋友和政界人士轉而反對他。下不了決心，往往在於你容易受人左右。如果你任由他人的意見來左右你，你做哪一行都不會出人頭地。

千百位男女身懷自卑情結終其一生，只因某位本意不壞、卻欠考慮的人，借「意見」嘲弄諷刺，摧毀了他們的自信。你有自己的理智和智慧，應該自己決定自己的所作所爲，當斷則斷。

3. 堅韌

享譽國際的半導體教父張忠謀，改寫了整個業界的遊戲規則。在他創業的頭3年裡，由於訂單很少，產品銷路無法打開，讓張忠謀十分頭疼。公司在美國的辦事處更是捉襟見肘，只有唯一的一位業務代表，一年多都沒有帶進什麼客戶，公司幾乎要支撐不下去了。

面對這樣的困境，張忠謀感到了挫折和失望，但他沒有放棄，他認爲人生因爲有挫折，才有自我更新。每個人都應該設定目標，堅忍不拔的實現自己的目標，絕不放棄。而後來，公司的契機來自英代爾，在領教了英代爾的仔細、挑剔的同時，張忠謀的品質觀念，最終使他拿到英代爾認證，開始在市場上暢行無阻。在化渴望爲財富的過程中，堅忍不拔是重大要素。

堅忍不拔的意志力體現了一個人的成功素質，大凡有所成就的人，都具備極強的意志力。堅忍不拔對於人格的重要性，正如碳之於鋼鐵。你的意志力如何？你是否具有走向成功的堅韌氣質？以下測試題請以你的生活實踐做出誠實的回答。

【說明】以下每道題有五個答案：

A很符合自己的情況；

B比較符合自己的情況；

C難以回答；

D比較不符合自己的情況；

E很不符合自己的情況。

題目	A	B	C	D	E
1. 當我決定做一件事時，就馬上動手，絕不拖延。					
2. 我給自己訂的計畫常常不能如期完成。					
3. 我能長時間地做一件枯燥的，但卻重要的事情。					
4. 在練長跑時我常常不能堅持跑到終點。					
5. 我沒有睡懶覺的不良習慣，即使冬天也按時起床。					
6. 如果我對某件事不感興趣，我就不會努力去做。					
7. 我喜歡長跑、登山等可以考驗自己毅力的運動。					
8. 在遇到困難時，只要有人可找，我就立即請求別人幫我。					
9. 讀書期間，沒做完功課我就不會去玩。					
10. 面對複雜的情況，我常常優柔寡斷，並且遲遲無法下決定。					
11. 只要工作或學習需要，沒有人強迫我，我也可以自覺堅持一個月不看電影和電視。					
12. 我有時決心從第二天開始就做某件事，但到了第二天，我的勁頭就消失了。					
13. 我答應別人的事情，就不會食言。					
14. 如果我借到一本引人入勝的小說，我會忍不住在上課或工作時拿出來偷看。					
15. 我敢在冬天用冷水淋浴。					
16. 在我遇到問題舉棋不定時，就希望別人能來幫助我做決定。					
17. 我感到訂計畫應有一定的餘地，免得完不成時太丟臉。					
18. 在與人爭吵時，儘管明知自己不對，我也會忍不住說一些使對方感難受的話。					
19. 讀書期間，我絕不拖延應交的作業，為了完成常做到很晚。					
20. 我比一般人更怕痛。					

選擇A5分，B4分，C3分，D2分，E1分

81～100分，意志力極強：你有頑強的意志，一旦做出決定，就要堅持到底。無論什麼原因也不能使你改變主意，你能做到常人做不到的事，因此你常常成爲別人的榜樣。不過，有時候別人會覺得你太固執，不肯做一點點變通。

46～80分，意志力適中：你對一般性的工作能堅持，但對難度較大的工作則容易中途放棄。有時你只是放鬆一下自己或找別的途徑，可見你不是那種死板的人。但如果能選擇一兩件高難度的工作來作爲挑戰，你就會磨鍊出自己更堅強的意志。

20～45分，意志力較差：你仍有意志力，只是很不穩定。有時候不管多大的困難也難阻止你，但那是因爲你對這件事有極大的興趣。更多的時候，你只是開了個頭就沒下文了。你需要培養自己的毅力，下決心完成計畫的工作。

4. 行動力

一位諮詢師時常在演講會上問他的學員：「在座想要成功的請舉手？」學員們都舉手。諮詢師說：「想增加收入的請舉手？」學員們也舉手。諮詢師又說：「想讓自己更幸福、讓家庭更美滿的請舉手？」學員們還是舉手。

諮詢師又說：「目前已經統統做到的請舉手？」大部分的人都沒有舉手。諮詢師問

學員：「既然你那麼想，爲什麼沒有達成呢？」學員們回答因爲害怕失敗，害怕被拒絕，不敢行動。諮詢師說假如你不行動，你會成功嗎？不會。你不去拜訪顧客，業績會提升嗎？不會。既然知道不會，爲什麼還是不動？關鍵就是因爲你們的恐懼，勝過了你們可以得到的成就感或快樂。

僅僅制訂計畫卻不執行，計畫永遠都只是空想。你期待收穫的，也就只能是一個美麗的泡影，當你回首自己的失敗，你遺憾地對自己說：「如果當初我做了，現在就不是這樣了！」訂下目標，堅忍不拔地去執行，超越你的失敗，絕不放棄，將會收穫巨大的成功，而禁不住考驗的人，則一無所得！

馬上開始，列出你的氣質目標

人們常說，應該對自己的前途負責。氣質影響你的性格、影響你的健康、影響你對環境的適應、影響你的活動效率、影響你的婚姻、影響你的社交、影響你的事業，當氣質影響你所有一切的時候，你應該明白它最終將影響你的未來！你有什麼樣的未來，決定於你是否做出積極有效的改變。不要去管別人怎麼說，不要被龐大世界水母般的網路所迷惑，不要為人性的陰暗面而頹廢，哪怕只是一點小小的改變，都可以為你的人生點亮光彩。

「心想事成」，你相信嗎？此話一點都不假，堅定的目標和不屈不撓的決心，其力量之大如排山倒海，勢不可擋。尤其是當你有一股深切的渴望，想要改變自己，重寫你的未來之書時，你是不可戰勝的！

現在就請列出你的氣質目標，確定你的氣質弱項和強項，如同經營事業、經營婚姻、經營美貌一樣來經營你的氣質。在自己氣質的基礎上，培養對人生產生巨大作用的氣質，如領袖氣質、明星氣質、富豪氣質、紳士氣質、貴族氣質、書香氣質、藝術氣質等，並最終成為它們的主人！

其實某些好的、優秀的氣質在你身上或多或少都有，但是它們零散、脆弱，不成體系，因此你看不到它們的力量。

「求木之長者，必固其根本；欲流之遠者，必流其泉源。」每個希望自己擁有優秀氣質的人，都應當從中獲得啟迪，對優秀氣質的規律和做法進行歸納總結，從而幫助自己走向優秀。

第四章

領袖必須具備的氣質

什麼是領袖氣質

在任何一個團體中，小到幾個人組成的辦公室，大到一個集團，總會有一個人充當著核心的角色，具有說服他人、引導他人的能力。他的言行能夠被團體認可，並指引著團體的決策和行動。我們可以把這種人所具備的人格魅力稱為「領袖氣質」。領袖氣質的某些特質，在所有領域內——商業、體育、藝術、學術界——是共通的。

1. 領袖氣質是中性的

領袖氣質不分好壞。所謂「偉大的」領袖，並不一定是好人。希特勒激發起一個國家的瘋狂情緒，武則天行使權力殘酷而有成效，曹操、劉備是心黑皮厚的三國梟雄，俄國的彼得大帝是一個殘酷的暴君……好人和壞人同樣可以被驅使、同樣果斷、同樣老練、同樣有說服力。領袖氣質本身在道義上是中性的，它可以促成好事，也可以做壞事。

領袖高於其他人，不是因為他有美德，而是因為他們更堅強、更足智多謀、判斷更敏銳，這種敏銳性使他們能看出和抓住那些一縱即逝的機會。我們在邱吉爾身上看到了傲慢、自負、自相矛盾、老是擺架子，然而他有著長遠的歷史眼光，既才華橫溢又富有洞察力。智力上才華橫溢不是領袖獨有的氣質特徵，藝術家、學術家，乃至普通人在智力上都可以很有才華。

幾乎所有的領袖都是非常聰明的，他們都有敏銳的分析能力，都是深刻的思想家。但是，他們思考得較具體，而不是抽象，他們注重權衡後果而不是創立學說。學術家一般是通過他自己的價值準則來觀察世界，然後上升為理論。而對一位領導人來說，理論可以作為分析的出發點，但絕不能代替分析。

2. 學者的研究

研究領導能力的傑伊·康格，把領袖氣質定義為一系列行為特質的集合，這些行為特質能讓他人感受到一種魅力，包括發掘潛在機遇的能力、敏銳察覺追隨者需求的能力、總結目標並公諸於眾的能力、在追隨者中間建立信任的能力，以及鼓動追隨者實現領袖目標的能力。

康格認為，追隨者是否認為一個領袖具有領袖氣質，取決於該領袖所表現出來的出色行為的數量、這些行為的強度，以及它們與情境的相關程度。領袖氣質的結構由三種基本的交流技能組成：它們分別爲傳遞技能（即表達技能）、接收技能（即對輸入的資訊予以敏感處理的技能）和調控交流活動的技能。這三種技能的實施涉及兩個領域：情緒交流領域和社會領域即情緒表現力、情緒敏感性、情緒控制、社會表現力、社會敏感性，和社會控制技能。

情緒表達能力包括通過面部表情、手勢，和音調來傳遞非言語情感的能力。

情緒控制力和情緒表現力把具有領袖氣質的人，造就成出色的情緒「演員」。除了情緒表現力和情緒控制力之外，一個具有領袖氣質的人，尙須具備洞悉他人情緒需求的能力。例如，他或她必須能夠解讀追隨者的情緒，以便做出適當的反應。在領袖氣質中，社會表現力包括言語技能和在社會交往中，吸引他人注意的能力。

歷來的領袖者也往往是出色的演說家。一個具有領袖氣質的人，正是利用社會敏感性這一技能，得以解讀各種社會情境的需求。社會控制能力，其眞正的含義要比其字面意義複雜得多，它是扮演不同社會角色的基本技能。具有出色的社會技能的人是優秀的社會演員，能夠勝任多種社會角色，在任何社會情境裡都能如魚得水。

在某種程度上說，具有領袖氣質的個體正是由於具有社會控制能力，才使其表現出自信。著名心理學家豪斯認爲，出色的領袖以其領袖氣質指出下屬前進的明確目標，幫助他們在情境不明的情況下明確方向，激勵他們爲實現目標而奮鬥。

一項有趣的研究表明，具有領袖特質的人，常常利用他們的情緒表達能力，來激勵或影響他人。大多數研究領袖氣質的現代學者認為，領袖氣質不是與生俱來的特質。而且，幾乎沒有一個心理學家會認為領袖氣質是上帝賦予個體的某種能力。

但是由於領袖氣質來自與人溝通，以及喚起和激勵他人採取行動的出色能力，所以我們可以通過學習來培養領袖氣質。例如，我們可以研究學習歷史上的傑出領袖、偉人是如何成功的，以及那些用來使人們成為更加出色的交際者的方案，例如戴爾・卡耐基課程、公眾演講課程、人際技能和社會技能訓練方案。這種「培養領袖氣質」的方案，在某種程度上皆有助於改善一個人的社會效應和交際技能。

領袖氣質特徵及其表現

1. 征服

征服，使領袖們更能顯示出英雄本色。當一位領袖需要他最大限度地發揮才能去應付挑戰時，我們方能全面地衡量這位領袖有多麼偉大。征服使領袖所顯示出來的氣質易於衡量，領袖的征服往往構成戲劇性事件，引世人矚目。

英國赫・喬・威爾斯所著《世界史綱》中有這樣一段話：「在我們的血液裡，特別是在君王和貴族的血液裡，潛伏著遊牧精神，無疑它在傳授給後代的氣質中占著很大的部分，我們必須把那種不斷地急於向廣闊地域擴張的精神，也歸根於這部分氣質，它驅使每個國家一有可能就擴大它的疆域，並把它的利益伸展到天涯海角。」

這部分氣質就是：征服！

征服意味著內心熊熊燃燒的野心，意味著對權力的極度嚮往和追求。從運用策略和治理國家來看，權力意味著幾百幾千萬人民的生與死，興與亡，幸與悲；從小至一個辦公室大至一個集團來說，權力掌握著各色平凡人物的喜怒悲歡和他們的生存與希望。權力能在不同方向上爲開創和推動「歷史」提供機會，對了解這一點的人來說，很少有什麼樂事和誘惑，能比得上權力。

預示歷史沒有一套簡單的、一成不變的準則，同樣也不能用準則來評價歷史。對歷史的評價通常取決於誰取得勝利。歷史學家的傾向是，對勝利者比對失敗者更爲仁慈，對領袖們是如此，對事業也是如此。所謂勝者爲王，敗者爲寇。這個道理可以放在任何一個時代，任何一個地方，任何一個人物。

中國歷史上先後出現了219位「眞龍天子」。其中秦皇漢武、唐宗宋祖知名度最高。

秦皇漢武非正出，唐宗宋祖兵變來，天子和英雄一樣是不問出處的，唯一相同的是他們都是勝利的征服者。

秦始皇的魅力，就在這個「始」字，他獨攬大權，滅六國，39歲完成了統一中國的歷史大業，開創了中國作爲一個統一的封建帝國專制之始。

從這個意義上他可說是前無古人，後無來者。他分郡設縣，並令國家一切重大事務由皇帝決定；他統一法律、度量衡、貨幣和文字，以加強他的領導；他拆毀戰國時各國邊鄰地區的城防工事，並修建馳道、直道，以加強全國陸路交通；他派兵北擊匈奴貴族，築長城，南定北越，設置閩中、南海、桂林、象郡，以鞏固統一；他銷毀民間兵器，焚燒過去各國的史書，和民間所藏的儒家經典及諸子百家著作，坑死以古非今的方士和儒生四百六十多名。秦始皇的事業是在短短的幾年中完成的，因此他的統治具有急政暴虐的特徵。

漢武帝應該說是中國歷史上第一位具有世界眼光的帝王。他7歲當太子，16歲繼位，71歲死去，一共做了54年皇帝，佔據整個西漢王朝四分之一的時間。

在其統治時期，漢帝國達到了它強盛的頂點。他所開拓的疆土，從閩粵瓊崖直到川黔滇，從於闐阿勒泰到黑吉遼，勾勒了日後兩千年間中華帝國的基本輪廓。帝國影響力所輻射的範圍，由成海、蔥嶺、興都庫什山脈直到朝鮮半島；由貝加爾湖到印度，擴展成了漢文化影響所覆蓋的一個大文化圈。他和秦始皇有許多相似之處，都是具有強烈征服欲望的權威型領袖，但他比秦始皇更豁達明理，善於用人。到晚年他發罪己詔，從善如流，改變自己的窮兵黷武，及時調整國家政策。

康熙繼位時只有8歲，是順治的第三子。順治接受湯若望的意見因其出過天花具有免疫力而把他選為繼承人。16歲的康熙面臨顧命大臣鼇拜的致命威脅。要真正親政，坐穩江山，他必須先贏得與鼇拜的鬥爭。

這場鬥爭注定是驚心動魄的，不是康熙死就是鼇拜亡。當時鼇拜在朝中的勢力龐大無比、根深柢固，而且他武功高強，幾乎無人可及。而這位17歲的年輕帝王，以罕見的勇氣和智謀贏得了勝利，成為最後的征服者。

一代天驕成吉思汗是聞名中外的大征服者。戰爭成就了他的千古流芳，而征服則是他贏得戰爭的法寶。他曾說：「我的最大快樂就是征服，征服天下是我的至高夢想。」

讓我們把目光移向世界，亞歷山大一世和凱撒更是以君臨天下姿態著稱於世。

傳說，哥迪亞斯是個貧苦的農夫，有一天與妻子趕著牛車來到了佛吉尼亞，因為神諭說，第一個駕著牛車來到佛吉尼亞的人便是他們的國王。因此，哥迪亞斯就被推舉為國王。為了感謝神恩，哥迪亞斯把牛車獻給了天神宙斯，並將牛車綁在宙斯神廟的柱子上。繩結隨著時間越來越緊。神諭因此預言，誰能解開這個難解的結就可以征服整個亞洲。年輕氣盛的亞歷山大自然不會錯過這種機會，但直到最後還是無法打開這個結，憤怒之下，他抽出寶劍，一劍劈開了這個難解的結，並聲稱：「我解開了這個結！」

亞歷山大用這種快刀斬亂麻的獨特方式征服了世界，在其生命短短的32年裡，成就了非凡的偉業。建立起疆域覆蓋巴爾幹半島、尼羅河，直至印度喜馬拉雅山的橫跨亞、歐、非三大洲的馬其頓帝國，使數百萬人臣服於他的統治。

古希臘傳記作家普盧塔克寫道：當亞歷山大了解到宇宙有無限大的時候，他不禁黯然淚下。大臣們問他怎麼了，亞歷山大回答說：「世界如此之大，事實上我還未征服過一個地方。」

凱撒是羅馬的終身獨裁官。他也許是世界上知名度最高的統治者了。凱撒在他的不惑之年，毅然放棄了西班牙總督的職位，進入羅馬圖謀大事。敏銳的凱撒利用了高級將領龐培與克拉蘇之間，以及他們兩人與元老院之間的矛盾，力促龐培和克拉蘇握手言和，並與他們一起結成了「前三頭同盟」，約定羅馬的任何一項措施，都不能違背他們之中任何一人的意願。

爲此，凱撒還將自己的女兒尤利婭嫁給了龐培。按照「前三頭同盟」的協議，凱撒在西元前五九年成爲羅馬執政官，卸任後擔任高盧和伊利里亞總督。凱撒到任後，先後對高盧發動了八次大規模征服戰爭。前七次戰爭凱撒十分順利，七戰七捷，向世人證明了他是一位冷靜而果斷的出色領導者。他採用分化瓦解的策略，挑動高盧各部落的矛盾，然後集中力量與韋辛傑託里斯克的大軍進行決戰，在阿萊夏要塞擊潰了驍勇善戰的高盧人。

到了西元前五一年，高盧已全部屈服於凱撒的統治之下。隨著尤利婭的去世，凱撒和龐培的婚姻聯盟解體，隨著凱撒勢力的增長，凱撒和龐培之間的對決已不可避免。龐培得到了元老院的支持，命凱撒辭職交權，還宣布他爲公敵。

凱撒血性中的果決再次發揮了作用，他在西元前四九年隆冬率大軍，以迅雷不及掩耳之勢出現在羅馬城下，龐培和元老院成員倉皇逃走。凱撒親率大軍一路追趕，從希臘追到埃及，直到龐培被埃及國王所殺。

戰爭是征服者最好的武器，他們所向披靡，毫無顧慮，在和平年代，戰爭其實每天都在發生，政權鬥爭、商海波詭、學術辯論、升職競爭等等，刀光劍影，暗藏殺機。但事實上，心有雄心是一回事，而流露在外面的雄心抱負，又是另一回事。對於一個領袖人物，前者是必要而恰當的品質，後者叫人遠避和產生反感。想要成爲領袖的人，應該將雄心盡可能地放在內心裡。

2. 洞察

洞察，就是知道向什麼方向引導，是領袖的領導藝術核心。領袖一詞本身就蘊藏著充當嚮導能力的含義，在擬定通向未來的航程時，眼光超越了目前的情況。眞正的領袖勤奮工作，有著強烈的自信心，他們都被一個理想所驅使，同時又去驅使其他人。他們目光遠大，看問題比其他一些人都看得更清楚。

第二次世界大戰前，英國人中的大多數人都同情首相張伯倫避免戰爭的決心，也欽佩他承受希特勒謾罵時的容忍和不失尊嚴。當張伯倫從慕尼克會議返回英國時，大家都感到輕鬆，因爲他宣布，他帶回了——「時代的和平」。

而邱吉爾在反對派中孤掌難鳴，儘管他早已洞察到戰爭不可避免，妥協和退讓只會令納粹德國更加肆無忌憚。那時在英國，人們普遍認爲邱吉爾是一個行爲古怪、好鬥的人。然而到一九三九年，當希特勒最後表明，不征服歐洲他絕不滿足時，人們才開始認識到邱吉爾是多麼英明，他的預言多麼準確！在突如其來的打擊下歐洲崩潰了，邱吉爾以他的光彩奪目的個性和戲劇性的雄辯，才能頃刻間成爲傳奇式的人物。

邱吉爾善於把握自己的作用，他說：「正是這個民族和散居在世界各地的這個人種具有一顆雄獅之心，而我有幸被召喚去發出吼聲。」

一位領袖只知道什麼是正確的事是不夠的，他還必須能夠去做正確的事。對做出正確決定缺乏判斷力或洞察力，而又想當領袖的人，常常因爲缺乏遠見而導致失敗。知道什麼是正確的事但又做不到的人，常常是因爲他們軟弱無能而導致失敗。偉大的領袖既要有遠見，又要有能力去做正確的事。

法國的第四共和國憲法建立的是控制著一個軟弱的行政機構的、有無限權力的立法機構。戴高樂深信應辭去政府職務，應該在——「事情把人甩開之前，從事情中擺脫出來。」他召開了一次內閣會議，宣布了他辭去職務的決定，引退了。然而他堅信法國召他來領導的時刻會到來的，但是要按照他自己的條件來領導。

戴高樂又一次表現出他的預見性，他的時機終於來到了。他有一種命運感，只有在他覺得唯獨他能實現國家所需要的領導時，才願意當總統。

戴高樂想要權力，並不是爲了權力能爲他做些什麼，而是爲了用權力去做些什麼。在放棄權力不到一年半的時間裡，戴高樂發動了一場氣勢磅礴的運動去奪回權力。許多法國人繼續以懷疑的眼光看著他。

傳記作者布萊恩・克羅澤寫道：在聽了戴高樂重新執政的條件後，國民議長安德列・勒・特羅奎爾對他大聲說：「所有這些都是違反憲法的，從阿爾及利亞事件以後，我就對你瞭若指掌了。你有的是獨裁者的靈魂，你太喜歡個人的權力了！」

戴高樂嚴厲地回答道：「正是我挽救了共和國，特羅奎爾先生。」

戴高樂要求第四共和國授予他權力，以便在公民投票中直接向人民提出修改憲法的建議。通過這些辦法，他頒布了第五共和國憲法。憲法的核心是總統的職權。總統被授予制定和執行政策的權力，這樣就制止了放任自流和癱瘓狀態。有人批評戴高樂給了總統如此多的權力，但是從事後清醒的認識來看，這部憲法給法國帶來的政治穩定是戴高樂的最大的遺產，正如《拿破崙法典》是拿破崙的最大遺產一樣。

如果說征服淋漓盡致地體現了領袖的霸氣和野心，洞察則體現了領袖非凡的高瞻遠矚，和做正確事情的能力與智慧。

3. 無畏

造反者並非無所畏懼，但面對絕境，是該做出選擇的時候，如果只是忍辱吞聲，隨波逐流，只能被動地任人宰割。而一味顧慮重重，就會錯失良機。

陳勝少有大志，在田間耕作時曾道：「苟富貴，勿相忘。」同伴聞之嗤之以鼻，他歎道：「燕雀安知鴻鵠之志哉！」而果然，他成爲了中國歷史上第一位農民起義領袖。

西元前二一〇年，秦始皇病死巡遊途中，趙高發動政變，將胡亥扶上皇位，稱秦二世。秦二世年少昏庸，在趙高的慫恿下，施行暴政，賦斂無度，賞罰不當，蒙罪者衆，天下苦之。陳勝和吳廣被抓去當衛戍邊境的兵卒。與他們一起的有900人。他們被指派爲屯長，在兩名縣尉的押送下，開赴三千里外的漁陽，朝廷命令他們兩個月到達。當他們到達大澤鄉時，遇到大雨，無法通行，耽誤了行程。按照法律，他們都要被殺頭。

於是，陳勝找來吳廣商量說：「如今去是死，逃走也是死，不如乾脆造反吧！」陳勝又說：「天下受秦朝統治之苦已經很久了，我聽說該繼位的應該是公子扶蘇。我們用公子扶蘇和項燕大將的名義，號召天下人造反，響應的人一定很多。」

在起義之前，陳勝用朱砂在一塊白綢子上寫了「陳勝王」三個字，偷偷塞進魚肚子裡。魚被部隊的伙夫買回來做菜，魚肚剖開，發現有字的綢子，於是消息傳開了。接著陳勝又派吳廣到附近的古廟，模仿狐狸的聲音叫喊：「大楚興，陳勝王！」大家到處議論紛紛，都張望著陳勝。廷尉鞭打吳廣引起衆怒，陳勝眼看起義的時機到了，就把大家召集在一起，說：「大家遇雨誤期，都要被殺頭，即使不殺頭，生還希望也很小，壯士不死則已，死即舉大名耳，王侯將相寧有種乎！」

陳勝的一番鼓動，大家表示贊同，並設壇舉行盟誓。他們以「大楚」爲號，陳勝自立爲將軍，吳廣爲都尉發動了起義，成爲中國歷史上第一個跳出來造反的農民起義領袖。起義軍發展迅速，聲勢浩大，很快擁兵過萬。大家一致推舉陳勝爲王，國號張楚。在陳勝「討伐暴秦，張大楚國」的口號號召下，廣大的農民、一些不得志的謀士、武士和失意政客，紛紛加入起義隊伍，掀起了伐秦的高潮。

還有一位歷史上赫赫有名的造反領袖是斯巴達克，他的經歷也非常具有典型性。據說，古羅馬科羅西姆競技場落成慶典時，一天之內竟殺戮九千頭動物，死亡三千名角鬥士。這一天，一場驚心動魄的角鬥又拉開了序幕，角鬥雙方的第一陣接觸就是可怕的：在籠罩數個鬥技場的極度靜寂中，只聽見一陣急驟的、短劍砍在盾牌上的鏗鏘聲。斷裂的羽毛以及頭盔和盾牌的碎片，在角鬥場上亂飛。

經過一小時以後，整個角鬥場上，五十個已經打死或者受到致命傷的角鬥士東倒西歪地躺著，快要死去的角鬥士在垂死的痛苦中抽搐著，發出一陣陣的刺入肺腑的慘叫。獲得最終勝利的只有一個色雷斯人。他就是斯巴達克，一對炯炯有神的淡藍色眼睛，充滿了人生經驗、情感和火焰。他的體型極其勻稱，強壯的肌肉充滿了驚人的力量，洋溢著不可摧毀與戰勝的英武氣概。當他安靜的時候，他的臉上流露出一種悲哀的善良表情。但是一到戰鬥的時候，這位角鬥士的眼光好像閃電，帶著一副由於憤怒而扭曲了的臉進行搏鬥。

正是這位英勇無畏、富於反抗精神的角鬥士，終於從血泊成河的角鬥場站了出來，毅然領導發動了古代世界最大的一次奴隸起義。他領導的奴隸起義軍，紀律嚴明，作戰勇敢，體現出極強的戰鬥力和良好的組織及紀律。

斯巴達克本人英勇無畏，身先士卒。因此，起義軍很快從只有幾十人逐漸發展到十幾萬人，危及羅馬奴隸主貴族的統治，引起了羅馬統治者的恐慌，遭到殘酷鎮壓，起義最終以失敗告終，但它極大地動搖了羅馬的奴隸制基礎，迫使奴隸主對生產方式進行某些調整，從而在一定程度上促進了經濟發展和社會進步（編按：這個故事曾改編電影多次，最近的一次片名叫《神鬼戰士》）。

在南美獨立運動中，何塞·聖馬丁認爲南美各地區的獨立鬥爭是休戚相關的，應當互助。他經過三年的艱苦工作，訓練和組成了一支軍隊，借這支武裝力量，橫掃殖民勢力，取得了一系列勝利。由於聖馬丁在南美解放運動中樹立了不朽的功勳，他後來擔任了阿根廷北方軍總司令，還享有「南美洲的解放者」、祕魯、智利、阿根廷三個共和國的「共和國之父」和「自由的奠基人」、「南方的華盛頓」等各種稱號。

然而一八二二年，聖馬丁在會見了美洲「北部解放者」玻利瓦爾省後，因意見分歧，主動隱退，遷居法國。聖馬丁說：「我並不尋求榮譽」，「我的劍絕不爲爭權奪利而出鞘！」只要祕魯和整個拉丁美洲眞正獨立，我「將遠遠地離開這裡」。

聖馬丁把自己畢生爲之奮鬥而取得的，也是南美洲最輝煌的勝利果實與最高權力、榮譽主動拱手讓與了他的革命夥伴同時又是對手的玻利瓦爾省。所以被後人稱爲——「一個在歷史上幾乎無雙的靈魂」！

無畏可以說是大多數現代人比較缺乏的氣質，不要誤解無畏就是要等到生活把人逼到某一個絕境後爆發的，無畏的意義在於當人生的機會到來時當機立斷。

4. 意志

大多數領導人在他們的本性上都有文雅的一面，但是因此把他們稱作文雅人那將是一個錯誤。眞正文雅的人很少是善於行使權力的。一個領袖爲了完成他的使命，有時必須要強硬到殘忍的地步。如果因爲工作棘手而過於煩躁，如果他過分地被柔情束縛住的話，那麼該做好的事就做不好。競爭永遠是錯綜複雜和殘酷無情的，有一些優秀的領袖，一直以來承受了很多批判和攻擊。在他們的成功背後，似乎有太多的暴力和血腥。鋼鐵般的意志是他們成功的保證。

在中國的歷史上，沒有一個人物像武則天那樣引起如此激烈的爭論。這一點完全可以理解，因爲從孔子時代開始，女人就一直被視爲低賤。中國儒家典籍都不允許女人干涉朝政，歷史上曾有一些皇后和嬪妃參政，但卻從來還沒有把自己的丈夫或兒子，完全推到一邊，自己登上寶座的。而武則天打破了所有這些規矩。

武則天本來只是唐太宗的一個嬪妃，與高宗關係不錯。太宗死後，她被貶到庵裡當了尼姑。一天高宗到尼姑庵爲父王祈禱，被她的美貌打動，召她再次進宮。她憑藉自己的魅力，最終贏得了高宗的寵愛。

武則天還是唐太宗的嬪妃時，就表現出非同一般的膽略和見識。當時西域進貢了一匹寶馬「獅子頭」，能夠日行千里，卻性烈難馴，就連過了半生軍旅生涯，愛馬若狂且騎術精湛的唐太宗也被掀翻下來，無可奈何地望著這匹寶馬不住搖頭歎息。不料武則天卻奏稱：「只要給我三樣東西，就能降服這馬。一支皮鞭、一柄鐵錘、一把鋒利的刀子。先用皮鞭打得牠皮開肉綻，死去活來。還不聽話，就用鐵錘敲牠的腦袋，使牠痛徹心扉。如果仍不能制伏牠的暴烈性情，就乾脆用刀子割斷牠的喉嚨算了。」

唐太宗也算是亂世中殺出來的英雄，閱人多矣！但還從來沒有見到過如此敢做敢當，如此心腸堅硬，甚至可說狠毒的女人，唐太宗不得不對這個當時年紀還小的女子起了戒心。為了成功，武則天不擇手段，她掐死自己的親生女兒，然後把罪過加到皇后身上，致使皇后被貶，最終實現了做皇后的夢想。高宗死後，她曾先後把她的兩個兒子扶上皇位，之後又把他們都廢掉。

67歲那一年，武則天自己登上了皇帝的寶座，成為中國歷史上第一個也是唯一的一個女皇帝。她非常清楚自己的歷史地位，皇帝是天子，她給自己起了個名字，叫則天，意思是與天齊平。然而，她又可以算得上是一個明君。

武則天的統治功績卓著。稱帝后，她大開科舉，破格用人；獎勵農桑，發展經濟；

知人善任，容人納諫。她掌理朝政近半個世紀，社會穩定，經濟發展，爲後來「開元盛世」打下了基礎。她精簡機構，停止了自太宗以來的領土擴張，以減輕人民的負擔。她並不像歷史學家說的那樣心胸狹窄。曾有一秀才，不滿她當政，號召人們起來造反，她卻說這個人很有才幹和勇氣，應該到朝裡來做官。

對於武則天的用人納諫，司馬光在《資治通鑒》中說：「雖濫以祿位收天下人心，然不稱職者，尋亦黜之，或加刑誅。挾刑賞之柄以駕馭天下，政由己出，明察善斷，故當世英賢亦竟爲之用。」武則天爲自己立的墓碑，高大筆直，卻沒有任何碑文。她是將自己的功過，任由歷史評說。

5. 包容

勝者爲王，敗者爲寇。不論用何種手段獲得的權力，如果將之放大、延伸、擴展，並且事實證明是有利於社會和人民，有利於當時的環境，那麼它的主人就是一位有遠見的英雄領袖。作爲一個優秀的領袖者，心胸寬廣豁達，懂得任人唯賢，善於聽取意見，尤其深具聆聽的藝術，必然業績卓著。

唐太宗李世民是一位開明的皇帝，「貞觀之治」使中國開放、自信。唐人取外來文化之精華，棄其糟粕，這就是爲什麼長安會成爲當時世界的大都會，爲什麼「貞觀之治」造就了中國歷史上的空前盛世。生活在海外的華人把自己稱作唐人，把中國城叫做「唐人街」，正是因爲直至今天中國人仍以唐代爲驕傲。

許多人愛長安之切，樂不思蜀，就像晁衡一樣。「皇家的儀仗隊幾乎由清一色的胡人組成，太宗認爲他們個個高大英俊。當然也不完全是相貌。要看誰有能力，他就用誰。他告訴大臣：自古皆貴中華，賤夷、狄，朕獨愛之如一，故其種落皆依朕如父母。唐朝官員上朝時，都要穿自己的民族服裝，太宗時朝廷裡有一半是胡人，都快趕上聯合國了。唐朝的大將多是突厥人和高麗人。另外，制定曆法的是印度人，修史制史的是日本人。還有宮廷裡的畫匠、衛士、馬夫、樂師、歌手、舞者，胡人居多。」

唐代的開放還可以從長安的精神財富上得到印證。教堂、廟宇、道觀——絲綢之路和中國本土的宗教，都可在長安有一席之地。來自波斯的景教被拜占庭視爲異教，但在長安卻有一席之地。唐太宗甚至頒布了一道政令，允許它在長安自由傳播。西安碑林博物館珍藏的《大唐景教碑》把太宗的開明和大唐的風範淋漓盡致地展示出來，今天讀起來依然令人折服。

「太宗文皇帝，光華啓運，明聖臨人。大秦國有上德，曰阿羅本，占清雲而載眞經，望風律以持艱險，貞觀九祀，志於此。」

唐太宗耳聞目睹了隋朝的興衰，他深知任人唯賢、納諫的重要，他心胸寬廣，能容人，有大氣量，用人不計較個人恩怨，納諫不計較自己的得失。

李靖曾經向隋煬帝告密李氏父子圖謀造反，李淵稱帝後將他判處斬刑。可是李世民了解到他是一個難得的軍事奇才，多次替他求情，免除了他的死罪。後來又培養他成爲軍事統帥。貞觀年間，還任他爲宰相。

魏徵原來是輔佐太子李建成的，多次苦勸李建成殺李世民。李世民登基後見他很有膽識，不計前嫌，提拔他爲諫議大夫。魏徵爲人正直，敢直言，有什麼意見敢當面直說，唐太宗對他非常信任和器重，從諫議大夫一直提拔他到宰相。有時魏徵竟會和唐太宗爭得面紅耳赤。唐太宗被他弄得很尷尬，到後來怕見他，甚至一怒之下眞想殺了他。可是最終，唐太宗還是會按捺下自己的火氣和不快，聽取採納他的意見。魏徵當政期間，先後向唐太宗進諫了二百多件大事，大多被唐太宗所採納。

魏徵死後，唐太宗痛心地說：「以銅爲鏡，可以正衣冠；以古爲鏡，可以知興替；以人爲鏡，可以明得失。魏徵沒，朕亡一鏡也！」

大唐高僧玄奘認爲太宗之所以能夠成就貞觀盛世，最根本的一個原因，就是避免了「貪濁偏黨，不閑憲式，情懷謀叛，不修善政，聽受信用」的過失。其實武則天之所以能成爲中國第一個女皇帝，和她身處唐朝也不無關係。

在唐代，女孩同男孩一樣珍貴；女人可以穿上男人的服裝，和他們一同打獵；她們可以結婚、再婚，甚至可以結三次婚；女人按照自己的意願，接受教育、讀書、寫字；女人可以爲自己的美麗而驕傲，她們穿著暴露，我們在觀賞仿唐歌舞時，可以從服裝上一窺當年的開放自由。

6. 不是你缺乏，而是你不相信自己擁有

我們對「領袖人物」總抱著仰望的態度，或是投以崇拜的眼光。「領袖人物」眞的是那樣高不可攀，遙不可及嗎？其實不然，因爲每一個人都有當「領袖人物」的經驗。在少年時代，是不是也有三五個死黨，跟隨左右，等著你發號施令呢？或者在你的求學過程中，有沒有當過組長？班長？隊長？學生會主席？如果，這些「長」，都沒有當過，也沒有關係，因爲在每個人的一生當中，總有機會當上一家之主的「家長」。

戴高樂說，如果一個人僅滿足於平凡的事物，他將被認爲是一個好的奴僕，但絕不是一個能夠肩負起信念和理想的主人。你想要做主人？還是「一個好的奴僕」？

「簷矮不礙雲，窗小可邀月」，屋簷再矮，不妨礙雲彩來訪，窗戶再小，也可以舉杯邀月！不要妄自菲薄，把自己排除在可以成爲領袖人物的行列之外。

據說，那些不善於研究歷史的人，肯定會重蹈歷史的覆轍。領袖們在他們的年代都研究了過去，並從中吸取了經驗教訓。反之，在今後的歲月中，如果你希望自己向前發

展得更快更好，在很大程度上，將取決於你從前人那裡吸取了多少教益！

培養和經營領袖氣質：觀念篇

柏楊講過一個故事：老闆對夥計說：「你一出門，往西走，第一道橋那裡，就有賣西瓜的，你給我買兩斤西瓜。」夥計出門往西走，沒有看見橋，也沒有賣西瓜的，於是就空手回來。老闆罵他混蛋，沒有頭腦。他說：「東邊有賣的。」老闆問他：「那你為什麼不到東邊去？」他說：「你沒叫我去。」老闆又罵他混蛋。其實老闆覺得這個夥計老實，服從性強，沒有思考能力，才是真正的安全可靠。假如夥計出去一看，西邊沒有，東邊有，就去買了，瓜又便宜、又甜。回去之後老闆會誇獎他說：「你太聰明了，了不起，做人正應該如此，我很需要你。」

其實老闆覺得這個傢伙靠不住，會胡思亂想。這就是「買西瓜學」。但是一個無法獨立思考的人，連自己都失去了，又怎麼可能成為領導他人的領袖者？

1. 培養領袖氣質的先決條件：獨立自主的能力

領袖必須知道什麼時候應該戰鬥，什麼時候應當退卻，什麼時候應當強硬，什麼時候需要妥協，什麼時候必須大膽講話，什麼時候需要緘默不語。他必須高瞻遠矚，有一個明確的戰略，有一個目標和信念。他必須胸懷全局——看到這項決定與其他決定之間的相互關係。他必須走在前頭，但不可走得太遠，以至失去自己的擁護者。這一切，都需要領袖自己做出判斷，他必須具備獨立自主的能力。

獨立自主能力不僅僅體現在工作中，也體現在人生的每一部分。獨立自主能力體現出一個人從物質到精神的獨立能力，及認知自我的自省能力和學習能力；體現在內心力量是否能夠依靠自己獲得；體現在婚姻愛情和家庭中的情感是依戀而不是依賴。

有的人離開了丈夫或妻子就不能獨立的生活，甚至陷入嚴重的心理危機中；有的人沒有上級領導的命令和指導就無法工作，聽慣了指揮的頭腦接近僵化，對自己嚴重缺乏自信，沒辦法依靠自己的判斷和思考能力做出選擇和決斷；有的人雖然雄心勃勃，也很有能力，但優柔寡斷，顧慮重重，畏首畏尾，容易受身邊環境的影響，稍有挫折就放棄自己的理想和計畫，這樣的人不在少數。這些例子就是喪失獨立自主能力，尤其是從精神上無法自立，只能依賴他人，最終一無所得，或只能局限於自己的小圈子。

戴高樂曾說，在面臨事物的挑戰時，領袖躬身自問，只依靠自己。具備這種「追求獨立自主」精神的領袖，「在困難中可以找到特殊的樂趣」，因爲只有在和困難搏鬥的時候，他才能檢驗並擴大這種精神的極限。他在做出決定時毫不畏縮，而是採取主動，大膽地去迎接這種時刻。

2. 欣賞權力

領袖們要求權力，只是要借助權力來幹一番事業，他們相信自己可以比別人更好地使用權力。成功的領袖都有堅強的意志，並且知道如何激發他人的熱情。高人一籌的領袖們，都成功地把自己的意志強加於歷史。他們是舉足輕重的人物，這不在於他們希望如此，而是因爲他們決心幹一番事業。

區分懂得權力的人和行使權力的人是極其重要的。希望是消極的，決心是積極的。追隨者希望有所建樹，而領袖們決心創建業績。權力能在不同方向上爲開創和推動歷史提供機會。對了解這一點的人來說，很少有什麼樂事能比得上權力。

一個雖有失誤但仍相信自己的判斷力的人，是最高明的，一個因小人物濫用權力而惱怒的人，會急於甚至渴望親自掌管這些權力。看到別人誤事他甚至肉體上也引起痛苦。一旦他掌了權力，他會更有興味地行使權力。享有權力，還必須認識到難免犯錯誤並能承認錯誤，希望在較小的而不在大問題上犯錯誤。只有具備這兩方面，既欣賞權力又不怕犯錯誤，才能有偉大的領袖所要求的大膽的行動。

3. 任何想成爲領袖的人，首先要懂政治

一位領袖必須面對現實情況下的事物，而不是去應付理想中的事物。評價一位領袖，涉及他的行爲特點時，關鍵不在於這些行爲是否吸引人，而是是否有用。狡詐、自負、僞裝——在其他場合下，可能不吸引人，但對於領袖來說，或許是必要的。他需要狡詐以便把利益衝突的各個集團捏合成不斷變動的聯盟，他要給公衆留下適當的印象，某種程度上的自負也是必要的。爲了在關鍵問題上取勝，有時又需要某種僞裝。例如美國總統羅斯福一邊談論美國不捲入戰爭，一邊卻在運籌美軍參戰。

美國總統林肯被稱爲偉大的理想主義者，他確實當之無愧。但他又是頭腦清醒的實用主義者。他的實用主義和政治手腕使他的理想得以實現。作爲實用主義者，他只是在南方各州中而不是在還留在合衆國內的邊境各州裡解放奴隸；作爲理想主義者，在重大危機時刻，他心力交瘁地維護合衆國。爲了這個目標，他甚至違反法律、干預憲法。他辯解這是必要的。

他在信中寫道：「我維護憲法的誓言賦予我這樣的責任，以一切必要的手段來維護

政府，維護國家，手段之一就是這個國家的根本大法——憲法。國家不復存在，憲法還能保存嗎？一般來說，生命和肢體都必須保護。但人們常常爲了挽救生命而截去肢體，絕不會爲了保存肢體而捨棄生命。我認爲，本來是不合法的或者說是不符合憲法的一些措施，從維護國家考慮，就成爲維護憲法不可缺少的了。無論是對還是錯，我認爲這就是理由，並且現在仍然堅持這種看法。」

4. 爲實現目標付出代價

在衝突中互爲對立面的領袖，各有其爲之奮鬥的目標，這些目標是相互衝突的。一位精明強幹的領袖，儘管他爲之奮鬥的事業生命力比較脆弱，但他可以戰勝一位軟弱無能卻從事一項富有生命力事業的領袖，原因在於領袖的差別。

領導人要有洞察力、深謀遠慮、並願意進行大膽而又深思熟慮的冒險，當然他也需要好運氣。首要的是他必須精細、冷靜地分析機會，然後果斷採取行動，絕不能像哈姆雷特那樣沉思而無決斷，因「思慮憔悴而無所事事」。他渴望行動，並願意爲此付出代價。沒有一個偉大的計畫，領袖是不會站在前列的，領導能力必須服務於目的，目的越崇高，領袖潛在的形象就越高大。但是光有目的是不夠的，他必須取得成功，必須付出代價。

5. 像思想家那樣去行動，像實幹家那樣去思考

領導人必須安排他的生活，集中精力，頭腦裡只有一個壓倒一切的目標，進行幾場大的拼搏。如果他拼命想把每件事都做好，那就不可能把眞正重要的事情做得非常出色。如果要成爲一位偉大的領導人，必須把精力集中在重大的決策上。能在思想和行動之間維持恰當平衡的時期，也是領導氣質發揮得最好的時期。

毫無疑問，邱吉爾、戴高樂、尼赫魯、唐太宗、康熙大帝等，都是果斷的實幹家，同時又是深刻的思想家。就連容易感情衝動的赫魯雪夫，通常也思考先於行動。

威爾遜在擔任總統之前，曾在一篇演說中把思想家和實幹家區別開來。思想家常常不能實幹，而實幹家不善思考。最理想的是威爾遜這樣的人，他是一位有創見的偉大思想家，在他年富力強時，也是一位果斷的實幹家。法國的哲學家亨利．伯格遜曾告誡說：「像思想家那樣去行動，像實幹家那樣去思考。」

6. 在「堅持原則」的同時學會妥協

高唱「堅持原則」、譴責妥協，實際上是要求領導人採取自我毀滅的政策。很少有領導人願意這樣做，也不應該這樣做。事實上，領導人往往不得不做出妥協，從而爲明

天的鬥爭保存自己。什麼時候進行妥協，這是一項分清輕重緩急的工作。坐在扶手椅中的戰略家，他們不考慮其他戰事，往往氣喘吁吁地斷言：某位領導人必須參加並贏得這次戰鬥，必須去作戰。這談何容易。常有這樣的時刻，一位承擔責任的人可能會得出結論，如果他要贏得整個競爭，那麼某一次特定的戰鬥的代價是否太大了。他必須做出抉擇：要打哪些戰役，不準備打哪些戰役，以便爲未來更重要的戰役節省力量。

7. 不是打敗敵人，而是把他消滅

列寧有一句格言：「重要的事不是打敗敵人，而是把他消滅。」這一點，劉邦做得非常出色，楚河漢界劃分之後，他沒有讓項羽有一點喘息的機會，而是違背合約，急追不放，直到項羽滅亡。越王勾踐十年報仇不晚的故事，對於當初的勝利者來說該是多大一個教訓啊！

8. 家庭的支持

領導人面臨著一種令人最傷腦筋的挑戰：對家庭的義務和對工作的義務之間的衝突。在這場競爭中，對那些進入高級領導層的人們來說，家庭通常是屈居第二位——這不是因爲這個領袖不甚喜歡家人，而是因爲他知道成千上萬的事情在等待著他的決策。

他必須把很多時間放在工作上，並且必須按不固定的日程表生活，因此，他的家庭經常感到被忘掉了。

但是對一位領導人來說，家庭的支持向來是很重要的。一個截然把公務和私生活分開的嚴峻而冷漠的頭面人物，與其他人相比，更需要一個溫暖的、支援他的家庭。他需要一個可以休息的地方，而且是在那幾個完全可以信賴的少數人中休息，他需要有一個地方，可以卸下在公開場合戴著的面具，還其本來面目。

培養和經營領袖氣質：行動篇

1. 藏器於身，待時而動

孔子說：「君子藏器於身，待時而動，何不利之有？動而不括，是以出而有獲，語成器而動者也。」就人生境界來說，一個人有目標、有計畫、有準備，站的位置也很好，時機也對，但是要達到這個目標，要有工具，做生意要有資本，打天下要有軍隊，無論做什麼事，都要具備自己的條件才行。所以孔子說一個人要成功一項事業，非要有自己的本事不可，就是所謂「藏器於身」。

「待時而動」說的是機會，機會未到，不能輕舉妄動。機會到了，當然不可坐視不動。如果你放棄不幹，反而是一種罪過，你不幹，別的人上來，也許犧牲的人會更多。

「動而不括，是以出而有獲」，不動而已，一動就是全面的。一件事不做則已，做就要有成果，因爲成功的成本是很高的，而且一旦失敗有可能再也爬不起來。

「語成器而動者也」，做之前，一定要問自己本身的條件夠不夠。如果你連自己都靠不住，就不要輕舉妄動了。

朱元璋當了皇帝，下朝回宮後，跟皇后說：當年當和尚，討飯都討不到，幾乎想自殺，想不到今天會當皇帝。漢光帝也講過，當年出來只求自保，爲了自保長期奮鬥，時勢造成了後來的結果，也是因爲他平時「藏器於身」，所以才能「待時而動」。

2. 拿理想和道德作爲手段是無力的

作爲準則，理想和道德都是重要的，但作爲手段，它們幾乎是無力的。成功的領導者是一名藝術家，他關心公衆情緒的細微差別，留意各種工作方式的相似處，注意估計對手的策略，並重視通過妥協和讓步把自己一方團結起來。宗教改革者經常能成功地把公衆道德，提高到接近某些倫理標準的水準，比如宣導非暴力反抗的印度聖雄甘地。人們經常說，在任何領域中，取得成功的關鍵是「振奮精神」，大多數偉大領袖都是出色的演員，他們扮演公開角色如此之好，以至實際上成了自己所創造的角色的一部分。

赫魯雪夫裝作專橫霸道，戴高樂則扮演傲慢的封建領主，兩人都在玩弄心理學上的小動作，每個人都以不同的方式彌補各自背景的不足。有些領袖竭力把人性隱藏起來，有的則加以炫耀，甚至誇大。漢武帝和秦始皇有巨大的差別，秦始皇傲慢自大，漢武帝精力充沛，生氣勃勃。然而，他們都用自己的方式證明自己是有能力的。要成功地扮演角色，重要的是適合角色。

3. 經營管理是一回事，領導能力卻是另一回事

領袖氣質集中體現在領導能力上，而領導能力是一種獨特的藝術形式，既要求有非凡的魄力，又要求有非凡的想像力。長期以來，在美國廣泛地存在著一種信念，美國需要一位眞正第一流的商人來掌管政府，需要一位已被證明能勝任並能有效地掌管一個大型企業的人。其實，這一點並未切中要害。

經營管理是一回事，領導能力卻是另一回事。正如加利福尼亞大學商學院的沃倫・本尼斯所說：「經理們的目標是必須把各種事情辦得正確，領袖們的目標是必須做正確的事。」儘管技術是必需的，但是領導能力不僅僅是個技術性問題。

從某種意義上說，經營管理是一篇散文，領導能力是一篇詩歌。領袖人物要十分注意自己的代表性、自己的形象，以及使人們得到激勵的思想，這是推動歷史的一股力量。人們是聽從道理的，但又爲情感所驅動。作爲一位領袖必須既以理服人，又要以情動人。經理考慮的是今天和明天，領袖必須考慮到後天。經理代表的是一個進程，領袖代表的是方向。因此，一位無事可管理的經理就不是經理，但即使是一位下了台的領袖仍擁有他的追隨者。

4. 對錯誤進行分析而不是自疚

一個領袖在決定怎麼辦時，可能要經歷極大的痛苦。成功的領袖中，很少有人在做出決定後，花費更多的時間去爲這些決定煩惱，嗟歎這些決定是否正確。如果一個領袖過多地考慮他的決定是否正確，就要磨損銳氣。他要全力注意明天應做的決定，唯一辦法是堅定地把昨天置諸腦後。這不是說他不要從錯誤中吸取教訓，而是說在他有時間來進行思考的時候，要對錯誤採取分析的而不是被動的自疚的態度。阿登納在獄中和修道院期間，邱吉爾下臺時，德·加斯佩裡在梵蒂岡圖書館裡時——他們都有時間進行思考，並充分利用了這種機會，慎重地回首往事和展望未來。

5. 控制個人感情

領袖人物實際上都是非常易動感情的，換句話說，他們是非常富有人性的。他們在公衆面前出現時，會把個人感情隱藏起來。但是，非常了解他們的人會深深感到隱藏在他們內心深處的強烈的情感核心。在了解領袖人物的過程中，往往很難把虛假從眞實中區分出來，原因在於政治領導的某些方面造成了假象。邱吉爾是這方面的大師，他經常是在當演員。對於戴高樂來說，神祕、榮譽、超然、受到喝彩等，都是治國的手段。

6. 要有耐心能「容忍蠢人」

一九一二年，一個小姑娘向塔夫特（美國第27屆總統）要求親筆簽名。塔夫特拒絕了，態度生硬地解釋說，他很樂意與人們握手，但如果他把時間都花在滿足人們的簽名要求上，那他永遠也完不成競選運動。不幸的是，這個插曲被記者拍到了，並在美國千家萬戶的起居室中一再播放。儘管塔夫特的邏輯是那樣的無懈可擊，但這個插曲在政治上的後果是毀滅性的。

領導人因爲繁忙，因爲自命不凡，因爲對別人的打擾和分心惱火，並認爲自己高人一等，這就可能會使他對他認爲是劣等的人缺乏耐心。不能「容忍蠢人」會在三方面引起麻煩。

第一，領導人當然要有追隨者，他需要的追隨者中，其中許多人的思想，他認爲是愚蠢的；

第二，他所認爲的蠢人、不願理睬的人，並不一定是蠢人；

第三，即使是蠢人，領導人也可以向他學習。

領導和下屬之間，有一條無形的紐帶，如果領導人對下屬流露出蔑視，就可能切斷這種紐帶。然而，必須時刻牢記：領導人不是普通的人。他們不應以一個普通人的姿態出現，如果他們試圖這樣做，就會顯得做作，不僅虛假而且有失尊嚴。

成功的領導人不應以話語來鄙薄下屬和人們，應當尊重他們，千萬不能傲慢。他一定要願意，並能夠「容忍蠢人」，對那些他要尋求支持的人表示尊敬。但是，他一定要保持一種與衆不同的品質，使人們尊敬他。如果他要取得人們的信任，那他一定要喚起對他的信仰。這種作法是正當的，如果他是平庸之輩，他就不會成爲領袖，造成領袖的這種神祕性是必要的。

7. 授權別人做事，而不是授權別人做決定

領導人最寶貴的東西是時間。如果把時間都浪費在無關緊要的事情上，那他將遭到

失敗。領導人必須把自己能做得更好的事情委託給他人，因爲他不能也不應該花費這些時間。這就要有一種從重大事情中把本質的事情理出來的能力，要能自我克制，讓其他人來處理重要的事情。在需要他作抉擇的最重要的事情中，包括決定哪些事親自料理、哪些事交他人去做，在這些人中，他還要選出自己願意授權的人。

領導人一定要善於挑選能幹的人，擯棄那些不管出於什麼理由的怠工者。

格萊斯頓曾說過，當總理首要的條件是當一名屠夫。激發人們的熱情可能是一位領導人所面臨的最艱巨的，但也是最基本的任務之一。下級人員中，出現受賄或不忠誠的情況，不難對付，但在那些工作人員忠誠、有獻身精神卻不稱職的地方，而且旁邊又有更適合的人，這時做激發工作就比較棘手。

這也是領導者需要勇氣把公共責任置於個人感情之上的時候。但這樣做要有限度。忠誠是相互的，如果像大開旋轉門那樣人來人往，要保留一支忠於職守的隊伍是不可能的。因此他必須搞平衡。但在搞平衡時，要防止慣性，從而使平衡變得容易些而不是改變平衡。他必須是一個屠夫，既要使他的委任授權圓滿完成，又要保證他能放手做這項工作。他只有有限的時間來行使權力，必須最充分地利用它。

歸根結柢，委任授權絕不能代替領導人對問題的透徹思考，和對重大問題親自做出決定。他可以而且必須把做事的責任授權別人，但絕不能把做決定的職責委託別人。這是人們選出他並要他親自做的事。如果讓手下的工作人員替他思考，那他就成為一個追隨者，而不是一個領導人。

8. 給手下提供壓力和「興奮劑」

一般來說，很少人的動力是出於對領導人的忠心，有些人的動力來自忠於對領導人所代表的事業。但大多數人首先是被自身利益所推動，有的想高升；有的謀求保住他現有的工作。一個機構可能出現的最糟糕的情況時是它提供了過多的安全保障，人們逐漸鬆鬆垮垮，機構的效率越來越低。為了保持士氣，需要有各種切實的刺激和壓力。很明顯，偶爾刺激一下，會使部隊振作，會為每個機構提供一劑它所需要的興奮劑。

9. 越是小人物才越堅持要大辦公室

偉大的領導人不試圖用寬敞的辦公室來向客人炫耀，不管他是一位政府、商界或者其他領域的領導人。常見的是這樣一條規律：越是小人物才越堅持要大辦公室。

10. 善於擺門面

戴高樂雖然是一位善於做作的能手，但是他從來沒有企圖用嚇唬或者虛張聲勢的辦法，使別人接受他的意見。如果他不同意某種意見的話，他會把它拋開，而不是假裝同意。當他對某件事深有感觸時，常常做出幾分強調而又優雅的手勢。他的思維質樸而又明快，這一點反映在他的談話之中。他從不草率地談論和思考問題。他下的結論不一定正確，但他有罕見的從頭到尾思考問題的才能，最後用令人非信服不可的、有說服力的邏輯，來表達他的觀點。

他講演的口才是出色的。他的低沉而爽朗的聲音和他安詳自若的風度結合在一起，使他給人一個鮮明的父親般的形象。他操法語就像邱吉爾操英語那樣，華貴而豪放。這是一種古典的、近乎古代的法語。他口齒清晰準確，餘音迴盪，甚至沒有學過這種語言的人，也會理解他的意義。

但戴高樂並不是光靠象徵、口才或演技來創造戴高樂將軍的，還靠他在公眾中露面的全部場面——依靠情節、背景、精湛的表演技巧、常常由他自己編造的巧妙的雙關語的準確性等等，去爭取各種觀點完全不同的人群的支持，因爲他的講話對興趣不同的人可以有不同的理解。戴高樂將軍是一個門面，但不是假門面。它的後面是一個有熱情、智慧和訓練有素的人。這個門面像是一座大教堂前的雕塑，而不是那種背後空無一物的騙人道具。

11. 安撫的重要性

在戴高樂一九五八年當上總理後不久，他要求議會給他處理國家危機的特權。舊日的戴高樂會要求議會給他這些權力，並用辭職作威脅，而新戴高樂知道安撫的重要性。他深深懂得，如果給機器加油，它就會運轉得更平穩。

當他來到議會時，他對議員們盡情打趣逗樂。在休息時，他親切地和他們聊天，來爭取政敵。他向他們保證說，他的所作所爲全都是爲著「使共和國更強大、更有效和堅不可摧。」他恭維他們說：「我想要你們都知道，今晚有機會和你們一起在這裡聚會，我是感到多麼榮幸和高興。」聽了他這番話之後，那些竭盡全力試圖阻止他重新掌權的議員們都目瞪口呆。他們鼓掌喝彩，同意給戴高樂想要的權力。

只有在那些用行動證明自己品德、勇於正視並克服困難和「不惜一切犧牲」的領袖們才能贏得群衆。有這種性格的人輻射出一種磁力，對追隨他們的人來說，他們是取得最後勝利的象徵和希望的化身。

12. 神祕性、莊嚴和力量

戴高樂關於領導藝術的教導既非常簡單而又一針見血。在他的《劍刃》一書中概括地闡述了它的要點。如果一個領導人有神祕性、性格和莊嚴，他就可以獲得名望。如果他把名望和魅力結合在一起，他就可以獲得權威。如果在權威外還有先見之明的話，就可以像戴高樂那樣，成爲歷史上爲數不多的舉足輕重的領袖人物。但是神祕的孤僻，獨立自主的性格和超然的莊嚴，需要付出高昂的代價。

戴高樂寫道：一個領袖人物必須在聲望和幸福之間進行選擇，因爲偉大和「含糊的憂鬱感」是不可分割的。「被看做是幸福的滿足、安寧和歡樂，對那些位高權大的人來說是享受不到的。」一個領導人必須忍受嚴格的自我約束、經常冒險和不斷的思想鬥爭。神祕可以誘惑人但是不能吸引人，爲此，領袖人物需要的是稱之爲品質的東西。

大多數人把品質看成是道德的力量和堅韌性，但是戴高樂給領導的品質下的定義是強烈的願望，和發揮自己意志的內在力量。他說：「把一個人放在他的同輩之上，只有在他能夠用他來自性格的、給共同的任務以推動力，和完成任務的把握時，才可以說得上合理。」

13. 重要的不是外表

優雅的風度不一定使一個人成爲強有力的領導人。在政治家風度方面，重要的不是這個人的外表，而是他內在的東西。除非政治家有著經過錘煉的內在的力量，否則，無論他的外表多麼雅致，他也不會取得成功。

14. 沉默

領導人不僅要學會如何講話，而且要懂得什麼時候緘默不語。

卡萊爾曾經說過：「緘默是成就大事的因素。」對一位領導人來說，緘默是一種強有力的工具。也只有當我們傾聽而不是在講話時，才能學到東西。沒有什麼比沉默更能增加權威的了，但是沉默這個「強者最大的美德」，只有在它是以掩蓋意志和決心爲目的時，才會眞正產生效果。正是由於內心的激動和外表的控制之間，形成鮮明的對照，才能占得上風。

一個演員最大的演出效果取決於當他牢牢控制自己時，能否熟練地表現出感情色彩。表面上善於辭令、即興長篇大論的能力，使人眼花撩亂，但不久，這種新鮮勁就消失了。人們不是從領導者如何演講，而是從領導者講什麼來衡量他們。最能言善辯的人，往往是思想上最膚淺的人。有可能成爲領袖的人，在做抉擇時，一條可靠的法則是：遇事少言多思。

15. 不必作擺樣子的謙遜

沒有堅定的意志，或者沒有強烈的自信，任何人都不可能成爲重要的領袖人物。把自信隱藏起來，裝作不存在，代之以外表的謙虛，這種作法最近時髦起來了。但是，沒有一個重要的領袖不是自我主義者的。領袖中有些人喜歡謙虛的氣氛，但沒有一個是謙遜的。

謙遜是做姿態、裝樣子，正如紀曉嵐的大煙斗是一種擺設、鄭板橋的「難得糊塗」是一種姿態一樣。作爲一個領導，要想駕馭和對付各種勢力，那他必須相信自己，用領袖人物應有的方式來對待自己。他必須相信他的事業。倘若不相信自己，就不能說服別人相信他。

16. 要有意識地顯示出自己的膽識和氣魄

如果你現在只是一個「小人物」，那麼你一定要明白，所謂的「大人物」身邊最不缺的就是卑躬屈膝、俯首稱臣的人。如果你和他們一樣，那麼你永遠不會被眞正賞識。你不卑不亢卻又親切自然，你坦率熱情卻又保持距離，你的這種膽識和氣魄建立在你能滿足需求、創造價值上。這意味著你要拿出實力，而你的實力來自於你的能力，所以萬衆歸一的核心是你必須擁有能力。

什麼是能力？能力就是你競爭的法寶。比技術，你的技術在同行業中是翹楚，你做出的東西就能讓人心服口服；比謀略，你要想得比別人新，比別人深，比別人細，比別人遠，你要能透過現象直視本質；比管理，你要懂得任人唯賢，善於納諫，疑人不用，用人不疑……因此，經營你的領袖氣質，首先就要經營你的能力。

17. 說服

領導人應該走在人們的前頭。在國家向何處去，爲什麼朝那裡走以及應該採取什麼步驟達到目的等問題上，他應比人們有更明確的見解。但他必須帶領人們同自己一道前進。只是發號施令，但回頭瞧瞧，無人跟隨，毫無意義。他必須做說服工作，讓人們贊同他提出的見解。在這一過程中——在勝利之前的追求中——他可了解到許多人們關注和有保留的事，人們期望和擔心的事，所有這一切，作爲一位領導人都是必須應付處理的。正是在這個過程中，他還會對將來不得不做出的各種妥協，得出更完善的結論。

具有領袖氣質的人的社會效應如何，取決於他或她在別人眼裡的可信度。這就是爲什麼具有領袖氣質的人，看起來更誠實、更善於遊說。

研究人員對被錄在實驗錄影中的言語行爲和非言語行爲進行了細緻的分析，發現具有領袖氣質，和不具有領袖氣質的人相比，前者說話較爲流利，語速較快，情緒豐富（表現爲微笑次數較多，面部表情豐富），與聽衆接近的暗示較多（較多的眼神接觸，使用包容性代詞如「我們」的次數較多），以及較多的表達情緒的手勢，而緊張情緒表露較少（如抓耳撓腮，坐立不安等）。

調查發現，表現能力強、具有領袖氣質的人，與缺乏情緒和社會技能的人相比，前者更令人喜愛、更積極、更有吸引力，也更有可能成爲朋友或約會的對象。不過，這些具有領袖氣質的人的「吸引力」，不一定得之於有吸引力的臉蛋或身材。

實際上，即使具有領袖氣質的人不具備外表吸引力，也比具備這種吸引力但無領袖氣質的人，更富吸引力，因爲他們具有所謂的「動態吸引力」。這是一種與人溝通、表達自己想法、激勵他人的吸引力。

18. 你好我好榮譽屬於在競技場上勇於鬥爭的人大家好

羅斯福一九一〇年在巴黎大學的一次演講中說：批評家無關緊要，那些數落鐵腕人物怎樣犯錯誤、實幹家應在哪些地方做得更好的人也不值得考慮。榮譽屬於這樣的人，他眞正是在競技場上，滿臉汗水和血污，他勇敢地進行鬥爭；他犯過錯誤，一再失誤：因爲沒有錯誤和缺點就談不上艱難的嘗試；但他眞正竭力爭取有成效；他了解巨大的熱情，懂得偉大的獻身精神，獻身於一項正義的事業。在最有利的情況下，他知道最終勝利才是最大的成功；在最壞的情況下，如果失敗，至少也是敢於正視的失敗。因此，他的地位，絕不能與那些既不知道勝利也不懂得失敗的冷漠怯懦的人，相提並論。

19. IBM領導氣質11點標準及10項指標

11點標準包括四個方面：必勝的決心（包括行業洞察力、創新的思考和達成目標的堅持），快速執行的能力（包括團隊領導、直言不諱、團隊精神和決斷力），持續的動能（包括培養組織能力、領導力和工作奉獻度），核心特質（對事業／工作的熱忱）。

10項指標：建立夥伴關係；跨組織影響力；擁抱挑戰；橫向思維；明智決斷；勇擔戰略性風險；贏得信任；推動成長與績效；培育人才，發展社團；對前途充滿熱忱。

第五章

富豪要有什麼氣質呢？

什麼是富豪氣質

如果把財富比做大海，那麼源頭就是智慧。

「富豪氣質」就是比一般人還要追求上進，還要努力奮鬥，還要精於算計。堅定地走出去，放棄自己過去的小天地，不邁出創業的第一步，成功就無從談起。在學會放棄的同時百折不撓、堅忍不拔，將「不可能」三字拒之門外。

富豪的崛起，對社會而言，包含兩層含義。一是富豪發生和生存的背景，透露出社會和經濟轉型的資訊；二是富豪的人格氣質特徵，作爲亙古不變的共性，昭示著成功創業者所需要具備的品質。我們不用關心這個富豪叫什麼名字，我們關注的是財富爲什麼流向他們？哪些行業最掙錢？爲什麼富豪中房地產老闆多？以及富豪的財富趣聞、財富背後的祕密……

鴻海董事長郭台銘，中秋節那天，淋著雨在門外站了整整4個小時，爲的只是見上客戶一面，而客戶最後收了禮物，但連門都沒讓他進……本田宗一郎，日本政府禁賣水泥給他建造工廠。他是否就此放手了呢？沒有！他反而自己研製出了新的水泥製造方法……盛田昭夫，以10年不盈利爲代價，打開美國市場，第一個實現日本企業國際化的夢想，創造了SONY神話……韓國運輸大王趙重熏，一生充滿了賭博和冒險，甚至近乎瘋狂，從靠開卡車運貨謀生，到向美國國務院提出在越南爲美軍運送軍需，他每天奔走在所有他認識的美國人之間，利用一切他可以利用的關係，最終完成了原本幾乎不可能完成的使命……海爾集團總裁張瑞敏接手公司時，海爾只生產冰箱一種產品，還虧空了147萬元人民幣……娃哈哈集團總裁宗慶後，42歲才開始創業之路，靠給小學校送冰棒、寫字本，開始一分一厘的積累。他最小的一筆生意是：烈日下騎著三輪車到小學校送一箱冰棒，盈利一元……沒有人能夠隨隨便便成功，遠見、創新、堅韌、冒險、精明……他們都是憑藉著毅力與堅忍不拔，走過挫折，之後才收穫成功人生。什麼是富豪氣質？這就是富豪氣質。

在此部分精心挑選的主要是亞洲知名的頂尖大富豪，有重點地描寫了他們的個人特質和成功之路。很少的文字當然無法巨細靡遺地寫出，這些富豪的所有傳奇經歷和成功之道，但就富豪的人格氣質特徵，希望給渴望成功的人以啓示。其實「財富氣質」每個人都有，只要你能把它像金子一樣拾起來。

富豪氣質特徵及其表現

1. 遠見

就跟其他所有的公司一樣，不管它的規模有多大，華人首富李嘉誠的發跡源於他的遠見，並不懈努力地將這種遠見付諸行動。

李嘉誠一九二八年出生於廣東潮州，父親是小學校長。一九四〇年爲躲避日本侵略者的壓迫，全家逃難到香港。兩年後，父親病逝。爲了養活母親和三個弟妹，李嘉誠被迫輟學走上社會謀生。開始，李嘉誠爲一間玩具製造公司當推銷員。工作雖然繁忙，失學的李嘉誠，仍用工餘之暇到夜校進修，補習文化。由於勤奮好學，精明能幹，不到20歲，他便升任塑膠玩具廠的總經理。兩年後，李嘉誠把握時機，用平時省吃儉用積蓄的七千美元，創辦了自己的塑膠廠，他將它命名爲「長江塑膠廠」。

一九五八年，30歲的李嘉誠在香港的資產已經突破了千萬港元。已經貴爲千萬富翁的李嘉誠，依舊每天工作16小時，晚上還堅持自學，住的是老房子、穿的是舊式西裝、戴的是廉價電子手錶，沒有任何奢侈惡習。

同樣在這一年，他留意到自己廠房的租金年年上漲，而香港地少人多、寸土寸金，房地產大有投資的空間，也因此開始了從「塑膠花大王」向「房地產鉅子」轉變。他在香港北角興建了一座12層的工業大廈，成爲了後來收購「和記黃埔」的「長江地產有限公司」之始。

李嘉誠獨到的眼光和精明的開發策略，使「長江」很快成爲香港的一大地產發展和投資實業公司。當「長江實業」於一九七二年上市時，其股票被超額認購65倍。到70年代末期，他在同輩大亨中已排衆而出。

一九七九年，「長江」購入老牌英資商行——「和記黃埔」，李嘉誠因而成爲首位收購英資商行的華人。一九八四年，「長江」又購入「香港電燈公司」的控制性股權。李嘉誠先生現任「長江實業集團有限公司」董事局主席兼總經理，及「和記黃埔有限公司」董事局主席。其所管理的企業，於一九九四年除稅後盈利達28億美元。一九九五年12月，長江實業集團三家上市公司的市值，總共已超過420億美元。

李嘉誠的事業是非常成功的，他其實也是香港創造經濟奇蹟的一個縮影。從加工塑膠花開始創業，涉足電力工業、房地產業，開闢超級市場、港口碼頭疆域；近幾年，更在國際電訊舞臺上大展拳腳。而依靠Tom.com打造現代媒體王國、分拆「長江生物科技」上市，則是他向新世紀新經濟進軍的兩大戰略舉措，再次展現了「超人」步步搶佔先機的銳利眼光和非凡魄力。而李嘉誠成功的「祕訣」，最寶貴的一點就是，不僅對經濟發展的趨勢看得遠、看得準，而且對機遇抓得住、動作快。

一九四四年，陳弼臣聯合中泰商賈，集資20萬美元，在曼谷叨察旺路開設「盤谷銀行」。盤谷銀行的經營業務迅速發展，幾乎掌握著全泰經濟。一九八四年的總資產達30％以上；在世界各地設有15個分支機構，同時還擁有140家保險、金融和船務公司。一九八三年6月，美國《金融》月刊將其列人全世界最大的12家銀行之中。陳弼臣的私人資產估計在10億美元以上，美國的《時代》週刊（一九八二年3月號）稱：陳弼臣是「泰國的頭號大亨」，以及「泰國的最大家庭企業王國的北極星」。

陳弼臣的成功之道何在？中國人已經習慣了幾千年的中央集權制度，最有代表性的、最具象徵性的便是權力，有些企業的總經理大權小權都攬著，唯恐別人搶去，連買針頭線腦這樣的小事，都要自己親筆御批，讓別人決定總是放不下這顆心，所以有些中國人有了一些權力以後就精心研究平衡，唯恐部下會有一天爬到自己腦袋上。

而陳弼臣的遠見，正體現在他「疑人不用，用人不疑」的用人之道上。陳弼臣對人才可謂器重有加。凡被看中的人才，他都大膽放權，放心使用。他在擔任盤谷銀行董事長的20餘年裡，物色了一大批有才幹有專長的人才，包括各類經營人才和研究技術人才。他專門成立研究及計劃部，爲自己的經營決策提供幫助。陳弼臣懂得「創業維艱，守成不易」，也懂得「富不過三代」的道理。

家族企業的衰落現象，不但在東南亞地區、日本和香港地區、臺灣地區普遍存在，甚至在美歐等國也不乏其例。

究其原因，不少是因創業者沒有對接班人問題做出合理安排，在用人上「任人唯親」，繼承人只圖坐享父蔭、缺乏追求不息的事業進取心。陳弼臣深知教訓的沉痛代價，不能在前人摔倒的地方再次摔倒。爲此他採取了兩條很好的措施：一是將帥印託付給眞正有才幹、可信任、可委託的人；二是加強子女教育。

一九七七年，陳弼臣辭去總經理一職時，他手下有兩名副總經理：一是他的兒子陳有漢，一是黃聞波。儘管陳有漢也是銀行業界有名的傑出才子，但陳弼卻選中了黃聞波。黃聞波在進入盤谷銀行前，是一家會計事務所的主持人，一九五二年受聘擔任盤谷銀行審計主任。他不負眾望，在改革會計管理制度方面做出了不菲的成績，不久便被破格提升爲副總經理。一九五七年至一九六三年間，陳弼臣曾暫時離開泰國，黃聞波代理總經理職務，盤谷銀行不僅保持原來的興隆景象，而且獲得發展，陳弼臣十分滿意，對黃聞波愈加信賴。

一九八〇年3月，當黃聞波出任泰國政府第一屆內閣副總理時，盤谷總經理一職才由陳有漢接任。一九八三年，陳弼臣又辭去執行董事會主席一職，此時，外界推測該職位一定非陳有漢莫屬。可陳弼臣跟大家開了一個玩笑，他把如此重要的職位交給了一九八〇年才加入盤谷銀行的林日光博士。陳弼臣對記者說：「我支持林日光博士出任執行董事會主席，因爲才幹比什麼都重要。我需要有才幹、可信任、可委託的外人來接我的接力棒。」

俗話說：一個籬笆三個樁，一個好漢三個幫。當經理，要在繁忙的事務中做到從容不迫，遊刃有餘，就得從部屬中遴選出可倚重的將才。每天忙得焦頭爛額的經理，從某種意義上來說，其實是一個不稱職的經理。有的經理往往不注意培養人才，牢牢把住權力不放。眞正明智的經理，時間都很富裕，日常事務全部委託可器重的下屬做，自己埋頭制訂公司的長遠發展戰略，從而使企業在激烈的市場競爭中立於不敗之地。

成功或失敗都不是一夜造成的，而是一步一步累積的結果。決定給自己訂立更高的追求目標、決定掌握自我而不受控於環境、決定把眼光放遠、決定採取何種行動、決定繼續堅持下去，這種決定做得好你便能成功，做得不好你便會失敗。把你的目光放遠大些，沒有哪個人或企業是因爲短視而成功的。要做長遠的打算還是短期的打算，這個決定跟你人生中做任何一個決定，是同等的重要，如果你的決定不當，不僅使你蒙受金錢和名譽上的嚴重損失，同時也會賠上社會成本。

2. 堅韌

生活其實是相當公平的。每個人都會面臨各種挑戰、機會和挫折，這時候，你的目光、你的抉擇、你承受挫折的能力，就是你未來的命運。成功的人便是在各種緊要關頭，能夠臨危不懼的人，能夠迎難而上的人，能夠化腐朽爲神奇的人。他們即使面臨極爲險惡的環境，即使前途茫茫、一片黑暗，也不會彷徨、不會迷失方向。他們會憑著自己強大的信心和衝破雲霄的幹勁，在心中爲自己點上一盞明燈，一盞挑戰命運、實現理想的明燈，然後，一步一個腳印，堅定不移、堅韌不拔地走下去，直到走向成功。

曾憲梓，祖籍廣東梅縣，幼年喪父，與勤勞善良、吃苦耐勞的母親相依爲命，靠著獎學金以優異成績讀完大學。他與夫人黃麗群女士一道，靠一把剪刀，艱苦創業，創立了享譽世界的「金利來」名牌，享有「領帶大王」之美譽。

剛開始創業時，曾憲梓將自己三房一廳的房間，專門拿出一間最大的房間作廠房，其他則用於住人和擺放貨物。然後在一進家門的地方隔上一個空間，擺上自己做的辦公桌、辦公椅，就算是辦公室了。而且，曾憲梓爲了儘量節省有限的資金，在設備方面只是專門購買了一個熨斗、一把尺子、一把剪刀以及一台當時市面上最便宜的腳踏式蝴蝶牌縫紉機，再加上自己買來木板，角鐵，自行裝嵌、焊接的裁床，這幾樣東西拼在一起，就是他的工廠，就是他養家糊口的全部生財工具。

不過，即使是這樣，曾憲梓還是很嚴謹地佈置他的用來製作領帶的生產車間。其中包括布料的裁剪、領帶的熨平、包裝，以及來料及成品的倉儲等等，真可謂麻雀雖小，肝膽俱全。開業之初，曾憲梓連工人都請不起，從頭到尾都是採取一腳踢的方式。那時曾憲梓生活非常艱辛。他每天必須賣出五打也就是60條領帶，才能保證一家人不餓肚子，才能維持一家人的生活，而且還不能有任何諸如生病之類的突發性的開支，還得省吃儉用才行。

所以，曾憲梓就給自己規定，每天必須賣完60條領帶，賣不到誓不回家。他每天早上6點鐘就起床，開始裁剪布料、縫製領帶的一系列工作，到了中午時分，吃完午飯之後，曾憲梓就開始出門推銷領帶。

在尖沙咀旅遊區兜售領帶的時候，曾憲梓一口帶有濃厚客家鄉音的廣東話，經常被人肆意地取笑和呼來喚去地捉弄。特別是，當他誠心誠意地推銷自己生產的領帶的時候，不僅得不到尊重，而且還常常被人驅趕。有些人甚至相當蔑視地對他說：「客家佬，你連話都說不清楚，也想做生意發財，做夢去吧！」

一天下午，當飽受烈日爆曬之苦的曾憲梓，汗流浹背地拎著兩大盒領帶，走進尖沙咀一家洋服店的時候，這家洋服店裡正好有一位客人，並且，洋服店的老闆正在十分殷勤地做那位客人的生意。初入行的曾憲梓還不十分清楚，做生意這一行最起碼的規矩：在人家正在做買賣的時候，你如果不是買他的東西，就最好不要去打擾他。然而，曾憲梓不懂得這些，他只記著趕緊做他自己的生意，賣他自己的領帶。曾憲梓準備仍舊像以前那樣將領帶給老闆挑選，合適的就留下，不合適的就拎走，於是，他拎著兩大盒領帶就這樣推開店門，走進店裡去了。

洋服店的老闆像見到瘟神一樣，馬上毫不客氣地大聲吼叫道：「幹什麼？你進來幹什麼？出去！出去！走！走！」曾憲梓就這樣被洋服店的老闆不分青紅皂白地、惡狠狠地從洋服店裡趕了出來。

雖然時值炎炎烈日的下午，但曾憲梓的內心卻烏雲密佈，他見到自己像要飯的乞丐一樣，遭人呵斥、被人驅趕，一種百感交集的酸楚湧上心頭……曾憲梓終於忍不住流下了滾燙的眼淚……但他又以最快的速度擦去了不斷奪眶而出的熱淚。

直到當天的晚上，曾憲梓仍然想知道：「爲什麼他會這樣毫不客氣地趕我呢？連一個說話的機會都沒有，爲什麼會這樣呢？」

第二天，到了下午三點多鐘，也就是一般香港人喝下午茶的時候，曾憲梓又來到昨天驅趕他的那家洋服店。這一次，曾憲梓是有備而來。他既沒有像平日那樣拎著推銷領帶的領帶盒，又在衣著打扮上下了一點工夫。而且，在進門之前，曾憲梓還特意看了看店裡面有沒有客人，他非常不願意又像昨天下午那樣被店主無禮地轟出來。當曾憲梓觀察清楚店內只有老闆一個人在的時候，他才推開店門面帶笑容地走進店內。

曾憲梓並不理會洋服店老闆充滿詫異的目光，他非常誠懇地對老闆說：「老闆，不好意思，昨天十分對不起，惹你生氣了。我今天是特意來跟你賠禮道歉的。」

在這之前，曾憲梓已經在隔壁茶餐廳叫好了外賣咖啡，這時候正好有人端進來，曾憲梓忙接過咖啡親自遞給老闆，說：「老闆，這是我專門爲你叫的咖啡，雖然不值錢，但還是可以說明我是眞心實意地向你道歉。現在請你喝咖啡，也請你多多原諒。」

這位洋服店的老闆驚訝了好一會兒，才從那種幾乎不相信自己的耳朵、不相信自己的眼睛的狀態中，清醒過來。他怎麼都沒有想到，在被他驅趕、被他辱罵的不計其數的人當中，居然有人能夠做到再次上門向他賠禮道歉，並誠心誠意地請他喝咖啡這樣大度的地步。

洋服店的老闆想起了——「韓信能受胯下之辱」的典故，他十分肯定地覺得眼前這人一定非同小可。他有些尴尬，便說：「你這個人很特別，我昨天罵了你，你竟然還回來跟我道歉。」

曾憲梓認眞地對他說：「老闆，我是剛剛才開始學做生意，對於生意場上的人情世故，特別是很多規矩我都不懂，所以昨天那麼魯莽地走進來，打擾老闆，影響老闆做生意，這是我的過錯，請老闆再不要介意，同時更希望能得到你的指教。」

於是，老闆告訴曾憲梓：「爲什麼我昨天會罵你、趕你？你進來之前就應該看看裡面的情況。當時我這裡有客人，正在急著做生意，你衣衫襤褸地進來打擾我，就不好。你千萬要記住，從今往後你要進任何一家店鋪裡面，如果裡面正在做生意，你就千萬不要進去。」

這之後，曾憲梓只要到尖沙咀旅遊區一帶去推銷領帶，就會趁沒人的時候，到洋服店老闆這兒聊一聊，跟他聊天，跟他請教，跟他交朋友，不做買賣。這樣過了一段時間之後，這位洋服店的老闆眞的和曾憲梓交上了朋友，而且還成爲要好的朋友，並主動要求賣曾憲梓的領帶。因爲他實在是十分佩服曾憲梓這種能吃苦、能忍耐的創業精神。

在今天，曾憲梓在總結他早年從事推銷的方法時說：「首先要有信心堅持下去，不管是多麼辛苦，多麼艱難，也要忍下去；其二是在艱苦的環境中，要不斷地給自己找到新希望，並保持積極樂觀的心態，除非不去做，要做就得給自己定下目標；然後排除萬難，努力去達到這個目標。」

充滿自信、充滿鬥志的曾憲梓一如世界上許許多多的成功人士一樣，就是通過自己獨到的眼光、非凡的毅力、不達目標誓不甘休的拼命精神，度過那些不堪回首的蹉跎歲月，從而創造奇蹟、走向成功。

告訴自己：我不怕別人的恥笑，失敗是我過去的錯誤，那是我曾經走過的彎路。我熱愛生活，充滿激情。我始終相信會有這麼一天，那時候，人們將知道，在追求社會進步的道路上，也有我的一份汗水。告訴自己：我已不在乎摔過多少跤了。每一次摔倒，我都能再次爬起來。我準備在下一次摔倒的時候，仍然爬起來。我知道，我必須經歷過多次失敗之後，才能夠獲得成功。總有一天我會走出這一片泥濘的土地，開創出嶄新的天地。

3. 創新

一個平凡人要成爲富豪，他的第一桶金是最爲重要的。我們舉尹明善爲第一個例子，尤其具有現實意義。讓我們看看以八千五百萬美元排名中國富豪榜第98位的重慶力帆集團總裁尹明善的第一桶金是如何借東風「創新」而來的。

一九九二年，尹明善以55歲高齡開始創業，一上來就將創業核心指向摩托車發動機，而在此之前，他對摩托車一無所知。當時重慶最有名的摩托車品牌是「嘉陵」和「建設」，尹明善決定背靠大樹。他指示手下將建設集團維修部的發動機配件買回來，自己裝配成發動機再賣出去，配件成本1400元，賣出去1988元，利潤很高。因爲「建設」的零部件品質有保證，給尹明善省了很多麻煩。

雖然尹明善一點都不懂摩托車，但是卻借助建設集團，迅速把自己的產品打開了銷路。爲了防止建設集團發現了卡脖子，尹明善採取了化整爲零的方式，每天買不同的零部件。他同時指示手下研究，這些零部件中，哪些是通用的，容易買到，哪些是「建設」自己的，就找配件廠，仿著做。

等到建設集團醒悟過來，一個配件也不賣給尹明善時，尹明善早已開發出替代品了，他挖得的第一桶金就高達上百萬元。

尹明善的這種手法，頗遭人非議，被認爲是不正當競爭的手法，不過以他這種借東風的方式創業，並獲得大量財富的富豪，不在少數，這種創業的「創新」舉措非常具有現實意義。

創造了日本SONY神話的盛田昭夫出生在一個世代經商的家庭裡，到他父親這輩，家庭開設的日本清酒公司在名古屋已經是非常有名氣了。耳聞目睹以及天賦使然，盛田昭夫小學三年級的時候就顯露出經商的才能——爲同學設計別緻的小紙貼風行整個學校，最終成了同學們的搶手貨，並且還得事先預訂才行！

盛田昭夫沒有躺在父輩們創下的基業上睡大覺，他放棄了舒舒服服的闊少爺生活，而是創辦了東京電訊工程公司。創業之初慘澹經營的盛田昭夫，確實擁有非凡的市場洞察力和創新精神。他的公司一起步就提出了「品牌效應」和「品牌責任」兩大全新的概念。這兩種概念的核心就是：一提起品牌的名稱就想到高品質的產品。這兩大概念現在被廣為使用，但在當時卻是特別超前的，因為當時日本絕大多數的公司都是靠掛別人的招牌生產產品的。

索尼（新力）公司的第一件產品是一九五五年生產出來的晶體管收音機。儘管電晶體是美國的貝爾實驗室第一個發明的，又是美國的西部電子公司第一個生產出來的，但美國人看不出這玩意兒有多大的用途，所以根本就沒有廠家問津，然而，盛田昭夫卻以獨到的眼光，說服日本政府的科技部門，並且從父親那裡借來了在當時如同天文數字般的二萬美元。直到盛田昭夫把電晶體技術買到手後，日本國內仍沒有理解電晶體的意義，盛田家族的人覺得他簡直是敗家子！

然而，當索尼公司一九五七年推出的可攜式收音機風靡世界後，日本和美國的衆商家們才恍然大悟，但市場已經被「索尼」佔先了。繼收音機之後，索尼公司先後推出了許多「第一」：第一台8英寸電視機、第一台答錄機……「索尼」的技術和產品以及市場使「日本製造」的含義發生了根本性的變化：「日本製造」意味著好產品，好品質，好的服務。

實際上「索尼」這個名字就是盛田昭夫創造力和超前意識的最佳體現。他認為這個公司品牌名字必須看一眼、聽一耳朵就能讓人想到公司和品牌有創造力，簡短、順口但又絕對讓人不容易忘記。他和另一位創始人一連幾天扎在圖書館裡，最終發現了拉丁詞「SONUS」，這個詞在拉丁文中是「聲音」的意思，另一個單詞「SONNY」又是美國年輕人當時非常時髦的口頭禪，盛田昭夫和他的合作夥伴大喜過望，把兩個單詞合成「SONY」不正是意味著一個由年輕人組成的生機勃勃的公司麼，就把它當成公司和品牌的名稱吧！

盛田昭夫是一個不折不扣的工作狂，但他也喜歡玩樂，並且很會玩。

「隨身聽」就是盛田昭夫爲玩而發明的。盛田昭夫注意到，他的孩子們和朋友們一天到晚都喜歡一邊學習工作，一邊放著優美的音樂，而許多人喜歡拎著笨重的錄放影機在汽車內、公園裡和海灘上欣賞音樂。一個新奇的發明思想閃現在盛田昭夫的腦海裡，他要發明專門便於人們欣賞音樂的單放機。

有了創新的想法，一定要及時付諸行動，不要淪爲思想的巨人，行動的侏儒。剛開始的時候，索尼公司工程部堅決反對盛田昭夫提出的只有放音功能，而沒有錄音功能的單放機，但盛田昭夫是不容否定的，他堅持生產高品質的汽車音響和便於人們一邊幹活一邊欣賞音樂的單放機，並且起了個響亮的名字「隨身聽」（英文名「WALKMAN」，直譯是「走路的人」）。

剛開始的時候，「索尼」美國分公司的人，覺得這個英語單詞簡直是沒文化的人創造出來的，所以世界各地的公司把「隨身聽」譯成五花八門的名字，結果直接影響了銷售量。盛田昭夫當機立斷，把「索尼」生產的單放機一律叫「WALKMAN」。不久，這個名字成了一個世界名牌。

說到創新，香港有一個例子很值得人思考：以前的片子是無聲的，通常都要有人在銀幕旁邊提字幕或解說，但邵逸夫總覺得這樣不行，於是嘗試讓電影有聲，不管內容是什麼，一定要可以邊看邊有聲音，就這樣，在他的堅持下第一部有聲電影終於在香港的戲院上映。當時只有他的戲院的電影是有聲的，所以一夜之間人們排著長隊爭先恐後地買票，都想一看究竟，邵逸夫由此掘到了第一桶金。其他的戲院，因爲沒有人去看，只好關門，然後，邵逸夫再把這些戲院一一買了下來。

邵氏王朝，從此打下了基礎，跟著他的片場、器材、演員、導演、編劇，也一一地應運而生，而整個香港電影工業，也就從這裡誕生、成長、茁壯起來！

4. 冒險

他們沒有資本家血統，白手創業，全憑藉個人奮鬥及其商業頭腦，建立起了自己強大的商業帝國。這群冒險家似乎有一種天賦的本能：知道這個時代需要什麼，並且大膽地下注。

趙重熏是韓國大宇集團金宇中之前最有名的企業家。他親手創建的韓進企業集團包括「大韓航空」在內，擁有12家頗具規模的企業，2.5萬名職員，這個「運輸巨頭」也是韓國的首富，連續幾年其財產總值在韓國的大財團中名列榜首。趙重熏從一個地位卑微的司機白手起家，在短短20多年時間裡，迅速發跡，成了腰纏萬貫的韓國超級巨富。這一切離不開一種氣質，那就是：「冒險」氣質。

希望集團董事長劉永好說：「要想成功，你必須有企業家精神。」而他的發家史告訴大家，缺乏冒險精神，又談何白手起家？一九八二年，劉永好兄弟四人相繼辭去了令人羨慕的公職，下鄉創辦民營企業——育新良種場。這在當時簡直是一條爆炸性新聞。這年劉永好31歲，他與兄弟一起賣掉自行車、手錶、12寸黑白電視機等一切値錢的家當，湊足了一千元人民幣，辦起了一家小良種場，專門孵化小雞和鵪鶉，開始了謀求發展的第一步。這種膽識確非一般人所有。而到了一九八九年，6年時間他們的資產已經積累了一千萬元，成爲令人羨慕的富翁。

一九八八年，由於劉永好的偶然發現，兄弟四人的事業有了一個轉捩點。劉永好因爲出差到廣州，發現當地的農民排著長隊買泰國的正大飼料。他驚奇不已，詳細察看了產品，詢問了情況，索取了說明書，又打聽了更多的飼料資訊。他突然發現，好飼料在農民中很受歡迎，從事飼料行業，一定會有豐厚的利潤。

在經過一番仔細的研究和對市場的觀察，以及詳細的戰略部署之後，劉永好四兄弟將良種場6年創收的一千萬元全部投進了這個專案。他們的創新和開拓精神得到了回報。他們自行研發的希望牌飼料在洋飼料的天下一枝獨秀，贏得了對手的尊敬。劉氏兄弟借此機會成立了希望集團公司，在飼料行業取得了巨大的成功。

《數位化生存》的作者尼葛洛龐帝說：「我認爲人才不是那些學多少知識的人，而是能不能承擔風險、能不能打破循規蹈矩做事情的人。」企業家最主要的素質就是要勇於承擔風險，即敢於冒險。

5. 精明

一九五三年的香港進入一個人口遽增時期，住房嚴重不足，形成對土地和樓宇的龐大需求。30歲的霍英東審時度勢，在這一年成立了立信置業有限公司。他觀察到當時的地產商都是整幢房屋出售的，從買地、規劃、建樓以至收租，資金周轉期很長；若周轉不過來，地產商就只好自己「跳樓」。

於是他提出了「預售樓花」，並提倡分期付款。分層預售「樓花」和分期付款的經營方式在當時是個大突破，一時地產商紛紛效尤，成爲香港房地產市場的一大經營特色。那一年，全港都瘋狂了似的，許多人捲進房地產業的旋風裡。從一九五五年到一九六五年10年間，香港地產業蓬勃發展，霍英東也因此成為香港地產界大佬。

韓國有一位非常精明的生意人，他只有小學畢業文憑，卻創造了燦爛輝煌的東方金字塔「現代集團」，他就是鄭周永。鄭周永出生於一個世代務農的貧苦家庭，在種田之餘，他悄悄上山砍柴，用半年時間，積攢到4角7分錢。鄭周永靠這4角7分錢，偷偷離開農村，到城市打工，開始了他的人生之旅。他經歷了艱難的打工生涯，從工地上一個小小的搬磚苦工，再到運送糧食的小工，從米店的夥計到米店的老闆，當戰爭斷送了他的米店生意時，他只得帶著最後的一千元韓幣，四處奔波，尋找新的發展機會。

一個偶然的機會，鄭周永從朋友處得知一家日本人開的汽車修理廠經營不善，就東拼西湊了三千五百元買下了汽車修理廠。自此之後，鄭周永開始對汽車產生了極大的興趣。他買下了這塊土地，建起了廠房，正式掛上了現代汽車工業公司的牌子。

鄭周永非常善於利用時機，以獲取利於自己發展的條件。當時美軍為支持韓國企業的發展，向一些企業撥款，但鄭周永的「現代」不在這些企業之列。鄭周永可不願錯過這個絕佳機會，他非常精明，在現代汽車工業公司的旁邊又掛上一塊現代土建公司的牌子，這樣一來，他便得到了上千萬元韓幣的政府資助。這次機會，幫助他真正積累了發展汽車的資金。

戰後的韓國，建築業空前繁榮。鄭周永的建築公司逐漸站穩了腳跟。他乘勢將自己的現代汽車工業公司和現代土建合併，成立了現代建設股份有限公司。朝鮮戰爭爆發後，鄭周永利用弟弟在美軍裡當差的關係，優先得到了許多承建美軍軍營的業務，後來他的公司幾乎壟斷了美軍第八軍的所有建築項目。而在與美軍合作的期間，他又獲得了修理軍用汽車的機會。

戰爭結束，美軍撤出，鄭周永賺足了豐厚的利潤，公司的實力也進一步壯大。戰後，當時政府最大的投資工程是修建漢江人行橋，鄭周永憑實力奪得了這項工程，並如期完工。

從此，他在韓國的經濟界扮演起了重要角色，逐步成了韓國建築業巨頭，後來又發展成造船業鉅子。鄭周永意識到汽車必定會成爲工業發展的重頭戲。一九六七年他與福特公司合作，可是早期，以福特車爲標準的適合韓國的車種卻成績平平。於是他果斷地尋求新的合作夥伴，與日本三菱集團合作，研發「小馬」車款，取得了巨大的成功。

鄭周永的精明正體現在他銳利的眼光，和對市場的洞察，以及他果斷迅速的行動。進入80年代，他的「現代集團」已擁有建設、汽車、造船、重機、精工、商船、電子等26家分公司，在世界500強大企業中已名列前100名。

上帝的饋贈

松下幸之助、趙重熏、鄭周永、王永慶、李嘉誠、林紹良、曾憲梓……他們屬於那種衝破舊規則束縛、創立新規則的人物。他們創造了自己的企業王朝，掌握控制權，而不受他人的控制。他們文化水準不高，但坐在老闆位置上，而MBA們卻成了他們的職業經理人。

在他們身上具有許多共性：一、出身卑微；二、受教育很少；三、很小就獨立創業；四、可以斷定並非天才。

爲什麼創造商業歷史上偉大奇蹟的，竟然是這樣的一群人？僅僅是一種偶然的巧合嗎？這不禁讓人想起哈佛大學資深經濟學家弗蘭克·W·陶西格的論斷。他在對美國商業領袖的出身，進行了廣泛的調查之後，得出了這樣的結論：「任何一名精力充沛、懷有抱負的精明小夥子，無論他的教育背景多麼寒酸，都有可能在商界立足，並繼續向上攀升。」而這個論斷幾乎是放諸四海皆準。

儘管弗蘭克·W·陶西格的這一論斷曾經遭到許多嘲笑，但是，商業領袖的經歷可以證明：與繼承了大量財富的企業家相比，與那些在商學院受到大量訓練的企業家（學院派）相比，一個普通人身體裡也擁有潛在的企業家氣質（比如冒險、創新、遠見、堅韌、精明等）。而這種原生態的氣質往往最具有生命力。從底層鍛鍊造就的內驅力非常重要。因此上帝非常公正，他給了掙扎於底層的人一種自發向上求生拼搏的意志，同時也給了那些背景優越的人太多的退路，讓他們在退路中糜爛了自己的潛力。

如何培養和經營富豪氣質：觀念篇

在「富比士（Forbes）」富豪榜的工作庫中，共計有兩三千位身家億萬的中國內地富豪，他們沒有一個是中彩票致富的。陽光100房地產總裁易小迪表示：「從本質上看，致富不能依靠投資。少數人可能靠投資富了，但是歸根結柢還是要靠付出、靠創新、靠勞動、靠奉獻，這才是關鍵，包括『股神』巴菲特也是如此。」良好的價值觀和扎扎實實地奮鬥，是致富和守富的前提條件。你只能指望通過自己來獲取成功。

1. 渴望的東西要盡可能地去得到它

曾排行富比士第26位的富豪遠大空調董事長張躍說：「如果說把所有的東西都僅僅看成人生價值或者說某種理想，那是不行的。我覺得還是我父母從小給我們養成的生活方式有關，渴望的東西要盡可能地去得到它。」

想要理財致富，最重要的不是資金，也不是資訊，而是決心。下決心，讓自己成為富翁，這才是理財致富的第一步，也是最重要的一步。

被稱為「銀行界的奇才」的李文正，開始時隨父經商，後獨立闖蕩。他曾與朋友一起，先後經營進口和航運業務，但業績平平，難以實現他「自幼就希望做個銀行家」的理想。但想不到機遇從天而降：一九六〇年的一天晚上，一家瀕臨倒閉的小銀行基麥克默朗銀行的負責人，不知從哪裡聽說李文正有20萬美元，就此登門拜訪，向他伸出求助之手。儘管當時李文正只有二千美元，但他當機立斷，接受了請求。李文正經過四處遊說，終於獲得有經濟實力的福建籍的同鄉的支持，至此，門外漢開始踏入金融界。

由於集資有功，李文正獲得優先認購20%股權，並得以進入該銀行任職，後成為董事會成員。為了學習銀行業務，擺脫自己門外漢的窘境，實現自己的遠大抱負，李文正主動要求到銀行基層去工作，從頭學起。經過一段時間的認真實踐和虛心求教，他很快掌握了銀行業務。經過3年努力，李文正的經營成果不菲，他任職的銀行不僅扭虧爲盈，而且獲得巨額利潤，而他也開始在金融界嶄露頭角。

2. 財富成長與學歷沒有緊密關聯

福布斯中國富豪榜給了我們一張比較簡單的財富地圖，我們可以借此解讀中國企業家的素質基因。正規學校學歷教育對中國現階段富豪財富積累的影響並沒有成正比。眞正的素質培養、能力鍛造，以及持續不斷的知識積累才是關鍵。

哈佛中國教育研究中心創立了「藍色基因」新素質教育理論，「藍色基因」理論認爲，現代人才必須具備八大能力，包括：自律、創新能力、學習能力、合作開放、自信樂觀、責任感、執著追求、理性務實等。

3. 原生態氣質

有一位MBA講述了自己的創業經歷：公司開業之初曾考慮過「客戶開發模式」，後來決定在商業大樓、車輛、CI等方面進行投資包裝，樹立專業公司的形象，同時僱用十餘名銷售人員進行「掃樓」，直接進入中高端市場。

一年半之後，他意識到了當初的決策有問題，或者說運行一段時間後出現隱患未及時調整。再深入剖析，發現他似乎違背了商人「量入爲出」的基本原則，以及缺乏對市場反應的敏銳嗅覺，不能應時而變。在面對問題時，他傾向於用別人教給他的理論框架分析問題，分析得越透徹越放心，結果可能離本相越遠。

他現在相信，任何偉大的決策不會是分析調研的結果。調研再充分，最後的一剎那還是靠直覺。這個直覺其實是上面所說的那些商業富豪領袖的原生態氣質：冒險、創新、遠見、堅韌、精明等。比如一個氣質謹慎小心的創業者，在遇到伴隨著巨大風險而來的機遇時，他能否做出果斷、冒險的抉擇，在很大程度上取決於他的直覺和氣質的第一反應。那麼培養自己的原生態氣質，成爲很重要的一個關鍵因素。

4. 領袖應該帶有霸氣

臺灣鴻海集團董事長郭台銘說：「民主是最沒有效率的。民主是種氣氛，讓大家都能溝通。但是在成長快速的企業裡，領袖應該帶有霸氣。」對管理，郭台銘的原則是「以身作則，獨裁爲公」。他每天開會馬不停蹄，長時間工作，員工跟著不敢稍懈。

「鴻海的業務員，沒有回家吃晚飯的權利。」一位資深業務經理說。

郭台銘認爲管理只是個概念，而不是執行的手段。講到鴻海怎麼管理，郭台銘認爲——「一個人只要給他責任，讓員工背著責任做事情，他們只要肯負責就不用管。這是我們的文化。」

「今天英代爾講十倍速時代，基本功做好才能談變化。微軟講創新，其實背後是紀律。所以我認爲，如果今天你講民主跟紀律，我認爲紀律會比民主重要。不過，我們應該照顧員工，而且員工做錯，要給他機會。鴻海的員工只要是因爲想做事而做錯，不會受罰。受處罰的都是不想做事的。」

「領導人要以身作則，任何困難的事，我半夜不睡一定在場。第二，獨裁爲公，我跟大家講爲什麼這麼做，講完了就做下決定。」

5. 不到最後一刻絕不放棄

張忠謀是世界著名的半導體製造公司臺灣台積公司的創始人，被譽爲半導體教父。他是一個傳奇式人物，被媒體譽爲——「一個讓競爭對手發抖的人。」他不是個熱情洋溢的人，而是沉默、神祕、嚴厲，善於思考、做事細密。張忠謀41歲時已經是德州儀器主管全球半導體業務的資深副總裁，公司第三號人物。但他毅然離職，決定重新出發。

他認爲，人生沒有捨棄，就沒有收穫。41歲放棄優厚的職業和曾經的成績，從零開始，這種氣魄非一般人所有。然而，張忠謀認爲每個人都應該給自己設定目標，達到目標，再設定一個更高的目標，並逼迫自己不斷攀登。在仔細觀察分析後，他下了一個大賭注，成立了臺灣積體電路公司。

在公司剛開始的前三年裡，訂單很少，產品銷路無法打開。公司在美國的辦事處，只有一名業務代表，並且一年多沒有帶進什麼客戶。面對困境，張忠謀沒有後悔，他激勵自己產生新的勇氣和信心。終於公司的契機來自英代爾。

在領教英代爾的仔細和挑剔的同時，他的公司學會了品質觀念，通過了英代爾的品質測試，最終拿到了英代爾的認證，開始在市場上暢通無阻。

其實堅韌的背後是非凡的「忍」，忍的毅力和忍的藝術。

忍苦耐勞，百鍊成鋼；忍言慎語，忍氣制怒；忍名讓利，不圖虛榮；忍奢節欲，生活儉樸；忍敗求勝，百折不撓；忍痛割愛，理智處世；忍辱負重，不驚不怒；忍對輕蔑，贏得尊重。能忍就能堅持。

如何培養和經營富豪氣質：行動篇

1. 敢想敢做，絕不遲疑

有一天，彌太郎與弟弟彌之助在安藝河邊釣魚。他遙看兩岸遼闊的土地，說：「這兩岸土地既肥沃又廣大，無奈就怕洪水氾濫。」就在這時，他萌發了一個企業家的靈感：如果在兩岸築堤，擋住洪水，豈不造就了萬畝良田?!

他立即向安藝郡公所提出築堤造田的申請，並很快得到批准，予以實施。後來，僅彌太郎本人就造稻田100公畝，棉田50公畝，獲得了相當可觀的收入，掘得了他的第一桶金，爲日本三菱的開創打下了基礎。

2. 精確估算目標

稍有炒股經驗的人大概都知道巴菲特，他是美國當代最著名的投資家，也是美國唯一靠股票投資成爲億萬富翁的人。巴菲特從小就顯露出賺錢的天才。他11歲時，曾勸姐姐以每股38美元買了3股「城市服務公司」的股票，不久股票下跌到27美元。姐姐擔心自己的全部積蓄將化爲烏有，每天責怪巴菲特不該讓她上當。後來股票慢慢回升到40美元，巴菲特趕快賣掉姐姐的股票，去掉手續費後淨賺了5美元。但是這家公司的股票緊接著就上漲到每股200美元。

從這件事上，巴菲特獲得了他終身遵守的兩條準則——

第一，設立目標必須通過嚴謹的思考和精密的測算。第二，目標設立後，絕不輕易放棄和改變，尤其是核心目標。

巴菲特在投資上奉行目標少而精的原則。他認爲投資的公司一多，投資者對每家企業的了解就相對減少。所以他不主張投資過於分散。他認爲，投資多元化說穿了是投資者對所投對象了解不足的一種保護性措施。在他40年的投資生涯裡，只有12個投資目標，使他擁有了現在的地位。巴菲特在做新的目標確認前，將達到目標的可能都有非常精確的估計，有了絕對獲得的把握，他才會實施。

一九九三年，巴菲特購買了一家在內布拉斯加深受顧客歡迎的家具公司。這家公司的創辦人是一位俄國移民，從未受過正式教育。巴菲特見到她的時候，她已經是90歲高齡，但仍精力充沛地每天上班，坐在打高爾夫球用的三輪車上在公司來回奔波。

有一天，巴菲特到她店裡問她願不願意把家具公司賣給他，她當即開價六千萬美元。巴菲特沒有還價，徑直回到辦公室開了一張六千萬美元的支票給她。這位老太太問他怎麼沒有請律師和會計師，巴菲特說他相信她。在清點存貨時，她才發現家具公司值八千多萬美元。不過一言既出，她不願毀約，只是非常吃驚，因爲巴菲特當時似乎想都沒有多想一下。原來他早已認準家具公司值多少錢了。

3. 向壟斷靠近

壟斷飯最好吃，壟斷的錢最好掙，這是誰都知道的道理。做壟斷行業的傍家，哪怕只是分享一點殘羹剩飯，也賽過外面的鮑魚燕窩。在「富比士」中國富豪榜上排名第55位的王玉鎖發家時依傍的是天然氣行業。王玉鎖三次高考落榜，開始做小生意。賣過葵瓜子、啤酒和女用泡泡紗背心。一九八六年春節，生意失敗的他拿著100元錢想跑出租車，沒想到地頭不許跑出租。茫然之際，突然想到倒騰燃氣可以掙錢，就去了任丘。

在任丘，他弄到了一套設備，騎著自行車運回了家，在小賣鋪一放，貼了個告示：誰要買先交12罐瓦斯的錢，1罐10元，一共120元，加上一套設備120元，一共240元。當時做飯燒瓦斯，是有門路的象徵，告示一貼，顧客蜂擁而至，幾天時間就賣出去40多套，每套利潤40元，他一下淨賺一千多元。此後，他瞅準瓦斯，「咬準青山不放鬆」，成爲中國有名的瓦斯大王。

「富比士」中國富豪榜上排名第67位的吳鷹，依傍的是電信行業，他的小靈通，一邊遭電信部門查禁，一邊在地方電信部門的配合下急遽發展，這種被日本淘汰的技術，竟讓他在大陸賺了大錢。

4. 巧拼縫

拼縫不僅可以應用在企業和科研院所之間的技術交流上，也可用於地區與地區之間的技術交流上。保健品和藥品行業很多走的就是這條道，買斷保健品、藥品的科研成果，然後賣給需要的企業，從中爭取利潤。做拼縫的首要條件就是掌握資訊。

北京建吳集團董事長袁寶，當年從中國建設銀行下海後，在資金不足又缺乏門路的情況下，將目光首先瞄向了大專院校和科研院所的科研成果上，他認為那些成果經過論證和鑒定之後就束之高閣，其中埋藏了大量的寶藏。他一家家地敲開企業的門，將有技術需求的企業名單和需求的技術種類記錄下來，再找到大學和科研機構，買斷相關的科研成果，再賣給這些有需求的企業。

在拼縫的過程中，袁寶也很注意合適自己的專案，他相中了「小黑麥」，決定把小黑麥的技術實現產業化。小黑麥成熟後，麥種很快佔領全國市場，當年獲利200多萬元，成為袁寶的第一桶金，他迅速通過收購和買賣企業，將事業做大。袁寶目前身家31億元人民幣，堪稱「富比士」中國漏網富豪。

5. 蒸桑拿

所謂蒸桑拿，就是從社會熱點中淘金，當年全國風行呼啦圈，成就了一大批人的致富夢。現在全民英語熱，更是不少人都琢磨著從中致富。孫震原是北京電視臺的一個編導，一九九九年，北京電視臺搞製播分離，他覺得是個機會，就出資5萬元和幾個朋友弄了一個經濟諮詢公司。不久策劃出《洋話連篇》，以室外情景喜劇的方式，加上一中一外兩個人，教中國人最實用的英語。可是做了幾個月沒見著收入，幾個合夥人也都撤夥。誰知他們剛一撤夥，洪恩軟體公司就找到孫震，以30萬元購買《洋話連篇》50集3年的使用權。孫震的第一桶金就是30萬元。

據北京教育局統計，北京的英語教育市場有20億元的市場份額，整個中國市場不下二千億元，現在《洋話連篇》已在全國60多家省市電視臺、包括17家衛視台播出，每年通過與出版社合作出版的VCD和書籍，版權費估計有500萬元以上，再加上培訓班，以及憑藉《洋話連篇》的知名度，引資辦學，建立連鎖加盟學校，孫震的合夥人不知道後不後悔？

6. 空手套白狼

空手套白狼的方法，有條件的創業者不能不學。匯源集團的朱新禮是個低調的人，很少在媒體上拋頭露面。他本來是一個縣的經貿幹部，下海後買下了一家虧損超過千萬的罐頭廠。朱新禮沒錢，所謂買下，就是答應用項目救活罐頭廠，養活幾百個工人，外加承擔原來的450萬元債務。拿下罐頭廠後，朱新禮想的辦法是搞補償貿易。補償貿易是一種國際貿易常用辦法，但當時國內鮮為人知。

朱新禮通過引進外國的設備，用產品作抵押在國內生產產品，在一定期限下，將產品返銷外國，以部分或全部收入分期和一次抵還合作專案的款項。他一口氣簽下了八百多萬美元的單子，答應對方分5年返銷產品。在德國專家和技術人員的指導下，朱新禮的工廠開始生產產品。當他聽說德國要連續舉行兩次國際性食品博覽會時，連翻譯都沒帶就一人單刀赴會（據說是沒錢給翻譯買機票），在當地華僑的幫助下，簽下了他的第一筆業務：約五百萬美元的三千噸蘋果汁，掘得了他的第一桶金。

再比如東方集團的張宏偉，利用手頭的資金控股新華人壽、海通證券，參股民生銀行和民族證券，隨後又將股權抵押換取貸款等讓人眼花撩亂的做法，其本人解釋為「賤買貴賣」的財技做法，用的就是「空手套白狼」的辦法。其實富豪們的快速擴張過程都或多或少會遭遇到資金不足的壓力，依靠上市或者抵押貸款種種手段，甚至大玩「財技」的富豪，並不少見。不過沒有十足把握，此招要愼用。

7. 你借我的財，我借你的才

邱德拔在華僑銀行工作，雖然有豐富的工薪收入，頗高的待遇，但是由於自己沒有入股資金，成不了股東，永遠進不了董事局，這對於懷有宏大創業之志的邱德拔來說，是難以接受的。因此，他於一九五九年辭去了華僑銀行的工作，決心自己下海創業。經過一年多的醞釀和準備，他與一個有錢的朋友合作，創立了馬來亞銀行。

邱德拔的高明之處在於，主要是借朋友的資金來開業經營，走上發財之路。他的朋友也深知他已有豐富的銀行工作經驗，因而本著「你借我的財，我借你的才」的動機，順水推舟，樂於與他合作。就這樣，在兩廂情願的「互借」之中，馬來亞銀行順利開業了。邱德拔果然身手不凡，經過6年經營，馬來亞銀行成爲一家著名的大銀行，在他提出的「銀行服務帶到農村去」的口號指導下，致力於增設分行，開始打破外資銀行壟斷馬來亞金融業的局面，丘德撥成爲大家公認的傑出的銀行家。

在以「互借」術起家、成爲銀行家之後，邱德拔又巧妙運用「收購」術，使他的事業獲得了多元化的發展。首先，他以馬來亞銀行賺取一部分利潤，及另外籌集的一部分資金，收購了該銀行在新加坡的全部資產，包括五家上市公司：良木園酒店、馬來西亞大酒店、明閣酒店、城市和城西及中央產業。自此，邱德拔在銀行家的頭銜上，又增加了「酒店業大亨」之稱。

進入二十世紀80年代後，邱德拔又先後收購了汶萊國民銀行和香港標準渣打銀行等，成爲「收購」高手，從而使他成爲新加坡超級富豪。除擁有以上財產外，邱德拔在馬來西亞的吉隆坡與柔佛巴魯兩大城市還擁有大量地皮，市價超過1億美元。此外，他在澳洲也擁有不少財產。據估計，他現在擁有的財產總數超過19億美元。

8. 投其所好、對症下藥、以爲我用

戰國商人呂不韋是歷史上所有商人中最偉大的商人。商人的本領就是交易和投資，有政治頭腦和戰略眼光的呂不韋，最善於進行長線投資和最大宗貿易。

就謀略而言，呂不韋謀得深、算得遠，謀得全、算得廣：其一，當他看到秦公子異人時就覺得奇貨可居，是一個能夠贏得整個未來的上佳投資項目，於是他說服異人聽他指揮。其二，這個「奇貨」要想推銷出去，這份投資由風險轉化爲巨大利潤，還需要做出艱苦的努力。呂不韋算計到華陽夫人及其弟弟的潛在的需要，就是尋找將來的靠山。於是他說服華陽夫人爲異人奔走，使秦國開始向趙國要人。其三，他又遊說趙王，以長

遠的利益說動趙王送歸異人。其四，接回異人後，爲更上一層樓，呂不韋在異人身上下了工夫，並通過周圍人的不斷美言，使秦王最終立異人爲太子。其五，呂不韋將懷著自己孩子的女人送給異人，異人當了皇帝後，他的兒子就成了太子，他成了相父，而秦國的江山，也最終落到了他的血脈中。

呂不韋穿針引線、巧妙安排、運籌得當、步步迭進，的確是一個一流的策劃家、設計家。他成功地完成了龐大而複雜的交易工程，他的買賣非常成功、令人叫絕。

9. 四件要務

作爲董事長或者老總，首先應該更多地制定公司的戰略、調動資金、進行資本運作等，而不是忙碌於具體的事務；二是能者居中，就是要找好總經理，讓他來爲公司創造效益和利潤；三是工者居下，意思是具體職能部門的負責人必須由專業人士充當。四是智者在策，意思是企業要善於運用外腦，邀請顧問或者獨立董事以及會計師等。

10. 「知本」撬動「資本」

丁磊以及同丁磊一樣出身新經濟的財富人群有一個共同的特點：創業者氣質，以及由此而帶來的打工習氣。不管是在哪裡，他們能想到的都是靠自己的智慧來吸引資本，在靠技術、知識賺錢的同時也是在爲投資人打工。「知本」撬動「資本」，是丁磊們的思路，他們不具備成長爲投資人的實力，因爲他們最初創業的時候根本就沒有資本，在後來有了資本之後，想到的仍舊是繼續創業。三大門戶中，只有丁磊科班出身，對於技術的高度敏感，使得網易成爲納斯達克中國概念股的形象代言人。而對於國人而言，此刻的丁磊已經成爲中國新財富的代表。網路平臺相對傳統媒體有其互動性、全球性、娛樂性的優勢，掌握這個平臺是現代社會創造財富的一個必備工具。

11 商業領袖生態環境

商業領袖生態環境是指企業家之間的人際交往環境，企業家和企業家之間，企業和企業之間，因爲使命感和共同的想法而形成生態圈，這樣一個群體可以分享經驗、投資合作，結成戰略夥伴，共同承擔企業的社會責任。將這個生態環境，放到自己的職業環境或事業環境中，小到一個辦公室，大到一個企業，就會發現，自己身邊是否有這樣一群可以分享經驗和資源、結成戰略夥伴的人際圈。一個成功的商業領袖，或許感情上是孤獨的，但人際資源上是富饒的。

12. 脫離個人英雄主義

中國企業在過去10年主要依靠創業型領導人的膽識、敬業精神和經驗，在急遽擴大的市場中，取得了飛速的發展，而企業內部的組織和運作建設並沒有跟上公司整體發展的步伐，特別是隨著當今經濟環境不確定性因素的增加，企業領導人放棄資訊分析與理性決策，已成爲一種傾向，許多中國企業家難以擺脫個人英雄主義的惡性循環。

在成功的企業中，培養他人的能力，是判斷領導人成熟度的重要標準。如果一個領導人害怕自己的屬下比自己厲害，而把自己的屬下給「淹死」的話，這樣的領導下不會有能幹的人才。

因此，一個不遺餘力培養人才的領導者，才會擁有很多人才。這樣，成功的機會才會更多、更大。領導者在做決策時，一定要跳開既有的框架與包袱，應該思考什麼是對組織最有利的事。最有利的事挑出來先做，而不是把自己陷入一大堆事情中，看似很忙事實上是沒有做好該做的事，懂得做對事情，用對人，使他們幫你把事做好，每天就有時間打高爾夫球！

培養富豪氣質的30條成功習慣

1．不說「不可能」三個字。
2．凡事第一反應：找方法，而不是找藉口。
3．控制住不要讓自己做出爲自己辯護的第一反應。
4．遇到挫折對自己大聲說：太棒了。不說消極的話，不落入消極情緒，一旦出現立即正面處理。
5．凡事先訂立目標，並且儘量製作「夢想版」。
6．凡事預先做好計畫，儘量將目標視覺化。
7．工作時間，每一分、每一秒都做有利於生產的事情。
8．隨時用零碎的時間（如等人、排隊等）做零碎的事情。
9．守時。要爲遲到找藉口。
10．寫下來，不要太依靠腦袋記憶。
11．隨時記錄靈感。

12．把重要的觀念和方法寫下來，並貼起來，以隨時提示自己。

13．走路比平時快30％，走路時腳尖稍用力推進，肢體語言要表達出健康有力，不懶散、委靡。

14．每天出門照鏡子，給自己一個自信的微笑。

15．每天自我反省一次。

16．每天堅持一次運動。

17．聽心跳一分鐘，指在做重要事情前，疲勞時，心情煩躁時，緊張時。

18．開會坐在前排。

19．微笑，用心傾聽，不打斷對方說話。

20．說話時聲音有力，感覺自己聲音似乎能產生有感染力的磁場。

21．說話之前，先考慮一下對方的感受。

22．不用訓斥、指責的口吻跟別人說話。

23．定期存錢。

24．節儉。不該花的錢一毛也不花。

25．不管任何方面，每天至少「進步一點點」。

26．每天提前15分鐘上班，推遲30分鐘下班。

27．每天在下班前用5分鐘的時間做一天的整理工作。
28．時常運用「頭腦風暴」。
29．恪守誠信，說到做到。
30．學會原諒。

國家圖書館出版品預行編目資料

氣質比語言更有說服力／郎靜濤／著，-- 初版 --
；一新北市：新BOOK HOUSE，2017.12
面；　公分
ISBN　978-986-95472-1-5（平裝）

1. 氣質　2. 生活指導

173.73　　106016516

氣質比語言更有說服力
郎靜濤／著

〔出版者〕新 BOOK HOUSE
電話：(02) 8666-5711
傳真：(02) 8666-5833
E-mail：service@xcsbook.com.tw

〔總經銷〕聯合發行股份有限公司
新北市新店區寶橋路235巷6弄6號2樓
電話：(02) 2917-8022
傳真：(02) 2915-6275

印前作業　東豪印刷事業有限公司

初版一刷　2017年12月